Andrea Poßberg
Corinna Böckmann

DIE GRÜNEN PIRATEN

Plastikplage am Biebersee

DIE GRÜNEN PIRATEN

Pauline Behring, genannt Pauli, ist 10 Jahre alt, ziemlich selbständig und behält immer den Durchblick. Wegen ihrer Eltern, die übrigens stinkreich sind, muss sie ständig zum Ballett- und Klavierunterricht. Da geht sie auch brav hin, damit sie sonst machen kann, was sie will.

Pauline

Lennart

Lennart Vogel ist ein ziemlicher Faxenmacher und Draufgänger. Besonders mit seinem BMX-Rad kommt er sich ziemlich cool vor. Seit zwei Jahren ist er Janniks Bruder. Seine Mutter und Janniks Vater haben geheiratet, als die Jungs sieben waren und weil Lennarts Mutter aus Vietnam kommt, sehen die Brüder ziemlich verschieden aus. Sie streiten sich zwar oft, aber wenn es drauf ankommt, halten sie zusammen.

Flora

Flora Sonnenfeld ist Bens Schwester und mit 8 Jahren die Jüngste der grünen Piraten. Sie hat viele gute Ideen und kann prima zeichnen und malen. Obwohl sie ganz schön frech und vorwitzig ist, schläft sie nachts mit Licht, weil es ihr im Dunkeln zu dunkel ist, vor allem wenn ihre Mutter mal wieder Nachtdienst im Krankenhaus hat und sie mit ihrem Bruder alleine ist.

Jannik

Jannik Ritter wird bestimmt mal Tierarzt oder Zoodirektor. Er liebt Tiere und seine Ratte Fiona ist immer dabei. Beide haben eine Vorliebe für Kekse und überhaupt alles Essbare. Sport ist nicht so sein Ding – viel zu anstrengend!

Ben

Ben Sonnenfeld ist der beste Stürmer der Bieberheimer E-Jugend-Fußballmannschaft. Schule ist nicht gerade seine Stärke, darum bekommt er Förderunterricht. Nur in Sport hat er immer eine Eins. Auf Ben kann man sich verlassen, wenn einer Hilfe braucht, ist er sofort zur Stelle.

Südpol

Das Buch wurde auf FSC-zertifiziertem Papier gedruckt und leistet damit einen aktiven Beitrag zur nachhaltigen Bewirtschaftung der Wälder rund um den Globus.

ISBN 978-3-96594-154-0

1. Auflage Februar 2023
Erweiterte Neuauflage

Umschlaggestaltung und Illustrationen: Corinna Böckmann

Druck und Verarbeitung: GGP Media GmbH, Pößneck Printed in Germany

www.suedpol-verlag.de

CERTIFIED cradle to cradle BRONZE

FSC MIX Papier aus verantwortungsvollen Quellen FSC® C014496

Inhalt

Neue Mitspieler

»Achtung, Regal kommt geflogen!«, brüllte Ben und warf das unförmige Gestell mit Lennarts und Ardas Hilfe im hohen Bogen aus dem offenen Fenster im ersten Stock. Ein lautes Krachen verkündete die unsanfte Landung im Müllcontainer, der im Vorgarten des zukünftigen Vereinsheims abgestellt worden war. Darin stapelten sich bereits alte Matratzen über morschen Gartenstühlen, einem Wäschekorb mit zerschlissenen Vorhängen, Regalbrettern und einem museumsreifen Kugelgrill.

Toni Krings, der lange Jahre Platzwart beim FC Bieberheim gewesen war, war vor Kurzem gestorben und hatte sein Haus dem Fußballclub vermacht, damit der es als Vereinsheim nutzen konnte. Da er keine Verwandten mehr hatte, fiel dem Verein die Aufgabe zu, das Haus auszuräumen.

Heute Nachmittag war die Mannschaft der E-Jugend, zu der auch Ben und Lennart gehörten, an der Reihe. Die beiden klatschten sich gerade ab.

»Cool, so was wollte ich schon immer mal machen!« Ben grinste und fuhr sich durch seine raspelkurzen blonden Haare.

»He Jungs, passt bitte auf, ich will hier keine Verletzten. Wir haben am Wochenende ein wichtiges Meisterschaftsspiel.« Oliver Trotzki, Trainer der E-Jugend, warf den Kindern einen strengen Blick zu.

»Auswärts oder Heimspiel?«, fragte Arda, der schon fast so groß wie sein Trainer war. Ziemlich praktisch, denn er stand im Tor.

»Auswärts. Wir fahren nach Marienheide.«

»Och nee«, stöhnte Lennart und warf einen kaputten Hocker nach draußen, »zu den Angebern. Die holen dann wieder Spieler aus der ersten Mannschaft dazu, damit sie auch ja gewinnen.«

»Ist doch egal, wir müssen eben

selbst die Tore machen, dann können wir auch gegen Marienheide gewinnen.«

»Genauso sieht's aus, Ben.« Der Trainer nickte zufrieden.

Ein stämmiger Junge mit braunen, zurückgegelten Haaren erhob sich von dem abgewetzten Sessel in der Ecke. »Sind Ludger und ich bei dem Spiel auch dabei, Trainer?«

Ben verdrehte die Augen und auch Lennart stöhnte. Marvin Klotzmeier, der Sohn des Bürgermeisters, und dessen Freund Ludger spielten seit Kurzem in ihrer Mannschaft mit. Die beiden gingen in die Parallelklasse und waren schon oft mit Ben und Lennart aneinandergeraten.

»Ihr seid dabei, Marvin«, bestätigte Trotzki. »Aber nicht in der Startelf, ihr müsst ja erst mal richtig reinkommen und an eurer Kondition arbeiten.«

»Pah«, zischte Lennart und pustete sich die langen schwarzen Haare aus dem Gesicht. »Der Sohn des Bürgermeisters kriegt mal wieder 'ne Sonderbehandlung, ich durfte erst nach ein paar Monaten mitkommen.«

»Na und?«, schnappte Marvin. »Schließlich hat mein Vater die neuen Trikots bezahlt und deine Sporttasche auch.«

»Und er hat Trainingsanzüge und Winterjacken für die ganze Mannschaft gestiftet, das war wirklich sehr großzügig«, ergänzte Oliver Trotzki.

Ein dreifaches Klingeln an der Haustür unterbrach den aufkommenden Streit. Kurz darauf trat Felix Mattes, der

Reporter der Bieberheimer Morgenpost, ins frühere Schlafzimmer von Toni Krings.

»Hallo Felix, alles klar?« Trotzki schüttelte dem Reporter die Hand.

»Tag Oliver, hallo Jungs!« Er grüßte in die Runde und sah sich prüfend um. »Ziemlich viel Arbeit, so ein ganzes Leben auszumisten, was?«

»Halb so wild, Toni hat ja sehr bescheiden gelebt. Viele überflüssige Dinge hat er nicht besessen.« Der Trainer schob die Schublade der Kommode zu, die sie gerade ausgeräumt hatten.

»Komisch, dass sich dann jemand die Mühe gemacht hat, hier einzusteigen, oder?«, wunderte sich der Reporter und zog ein Notizbuch aus der Tasche. »Vorletzte Nacht war der Einbruch, richtig?«

»Genau.« Oliver Trotzki deutete auf die leeren Regalbretter über dem Bett. »Auf jeden Fall sind alle Pokale geklaut worden. Und Toni hatte eine stattliche Sammlung. Er hat ja früher selbst aktiv gespielt und war sogar bei einem Drittligisten unter Vertrag.«

»Die Polizei hat bis jetzt noch keine heiße Spur. Sie suchen nach Zeugen und haben mich gebeten, einen Aufruf in die Zeitung zu setzen. Deswegen wollte ich noch ein paar Fotos machen.« Felix Mattes trat ans Fenster und sah auf den Fußballplatz herunter, dessen Gelände nur durch einen

Maschendrahtzaun und einen breiten Fahrradweg vom Vorgarten getrennt war. »Der Rasen sieht aber ganz schön trostlos aus.«

»Das stimmt.« Trotzki seufzte. »Der Platz ist 15 Jahre alt. Länger hält so ein Kunstrasen nicht. Die Fasern sind kaputt und da federt auch nichts mehr. Ganz schlecht für die Knie der Spieler. Und die Plastikkügelchen, mit denen der Rasen aufgefüllt ist, die sind einfach überall und werden dann ins Abwasser gespült, extrem schlecht für die Umwelt. Nächsten Monat habe ich mit Melanie Blankenhagen vom Vorstand einen Termin beim Sportausschuss. Ich will einen Naturrasenplatz für unseren Verein und das Stadion soll ...« Der Trainer stockte und warf dem Journalisten einen schnellen Blick zu. »Mehr kann ich dir leider nicht verraten. Das wird nämlich mein Beitrag zum Umweltwettbewerb.«

Felix Mattes grinste. »Seit unser Bürgermeister den Wettbewerb angekündigt hat, ist ganz Bieberheim im Umweltfieber.«

»Eher im Goldfieber«, raunte Ben.

Lennart nickte. »Die 10.000 Euro, die es für den ersten Platz gibt, sind ja auch eine Menge Geld.«

»Fragt sich nur, was dahintersteckt. Als ob Bürgermeister Klotzmeier plötzlich sein Herz für die Umwelt entdeckt hat.« Ben schnaubte verächtlich. »Der hat nur eins für Geld.«

»Was meinst du damit?!« Marvin stand plötzlich hinter ihnen. »Was hast du über meinen Vater gesagt?«

»Dass er ein Herz aus Gold hat«, sagte Lennart unschuldig und plinkerte mit den Augen.

Marvin ballte die Fäuste, aber bevor er sich auf die beiden Jungs stürzen konnte, ging ihr Trainer dazwischen.

Felix Mattes hatte in der Zwischenzeit ein paar Fotos von den leeren Regalwänden gemacht und steckte sein Notizbuch wieder weg. »Das wird wohl nur ein kleiner Artikel werden. Gut, dass ich für die Titelseite noch eine super Story habe.« Er machte eine bedeutsame Pause. »Hat einer von euch schon mal das Monster vom Biebersee zu Gesicht bekommen, Jungs?«

»Was? Ein Monster – hier im See?!« Jonathan, der jüngste E-Jugend-Spieler, machte ein erschrockenes Gesicht.

Mattes nickte. »Ich hab schon mehrere Anrufe von Spaziergängern bekommen, die das Monster gesehen haben wollen. Und Frau Salzberg behauptet sogar, ihr Dackel wäre im Wasser verschwunden. Sie ist davon überzeugt, dass das Monster ihn gefressen hat.«

»So ein Quatsch!« Ben lachte, aber er war auch ein kleines bisschen blass um die Nase geworden.

»Wie sah es denn aus, das Biebersee-Monster?«, fragte Arda und ließ sich in einen ausladenden Sessel fallen.

»Glitschig, grün und es hat QUAAAK gemacht«, frotzelte Lennart.

»Haha«, machte der Reporter und zwinkerte Lennart zu.

»Ganz schön vorlaut, deine Jungs.« Er gab dem Trainer die Hand. »Ich werde mir das jetzt mal ansehen. Also, falls ihr nie wieder was von mir hören solltet, wisst ihr ja, wer mich auf dem Gewissen hat.«

»Los Jungs, weiter geht's.« Trotzki scheuchte die Kinder hoch, die es sich inzwischen auf dem Bett gemütlich gemacht hatten. »Die restlichen Sachen hier sind zu schwer für euch. Das erledigen die Großen heute Abend vor dem Training. Wir sehen uns jetzt mal in der Küche um.«

Ben und Lennart stiefelten als Letzte hinter der Mannschaft herunter ins Erdgeschoss. Neugierig sahen sie sich im Flur um. Lennart zupfte seinen Freund am Ärmel und deutete auf eine schmale Holztür unter der Treppe. Probehalber drückte er die Klinke herunter. Die Tür schwang auf und gab den Blick auf eine steile Holzstiege frei, die nach unten führte. Ben tastete nach dem Lichtschalter. »Erster!«, flüsterte er und kletterte vor seinem Freund in den Keller hinunter.

Unten baumelte eine nackte Glühbirne von der niedrigen Decke und erhellte den kleinen Raum notdürftig. Schichten von Spinnweben hingen vor dem blinden Kellerfenster und es roch nach Generationen von Mäusefamilien, von denen die letzte gerade raschelnd hinter einem halbhohen Schrank verschwand.

Lennart lugte hinter ein paar Bretter, die an der Wand lehnten. »Vielleicht gibt's hier einen unterirdischen Gang oder einen angeketteten Höllenhund wie bei Harry Potter?«

»Pst!«, machte Ben und hielt eine Hand an sein Ohr. »Ich glaube, ich hab was gehört. Bestimmt sitzt Fluffy in dem Schrank da. Pass mal auf!« Er grinste und zog die Tür mit einem Ruck auf. Sofort zuckte er zurück. Tatsächlich war da ein Hund hinter der Schranktür und starrte ihn aus großen Augen an – aber es war nur eine Plüschausgabe, wenn auch eine ziemlich riesige.

»Mensch Fluffy, hast du mich erschreckt.« Ben griff lachend nach dem mottenzerfressenen Kuscheltier, das auf einem Koffer gelegen hatte, und warf es zu Lennart hinüber.

»Hol doch mal den Koffer raus«, drängte der. »Was da wohl drin ist? Los, beeil dich, die anderen kommen bestimmt gleich.«

Das ließ Ben sich nicht zweimal sagen, er zerrte den Koffer heraus und ließ die Schlösser aufschnappen. »Wow! Sieh dir das an!«

Geheimnisvoller Fund

Ehrfürchtig griff Ben nach dem großen goldglänzenden Pokal, der in ein rotes Tuch eingeschlagen war.

1. PLATZ U 16-KREISLIGATURNIER 1964 war auf dem breiten Sockel des Pokals eingraviert.

»Da hat der Einbrecher wohl was übersehen«, stellte Lennart trocken fest.

In diesem Moment polterten schwere Schritte die Treppe herunter.

»He, was habt ihr da?« Marvin versuchte sich an Lennart vorbeizudrängen.

»Wir waren zuerst hier.« Ben schlang seine Arme um den Pokal und drückte ihn an sich.

»Gib das her«, zischte Marvin.

»Wer's gefunden hat, dem gehört's auch«, trällerte Lennart. »Und wer hat's gefunden? Du nicht!«

»Das werden wir ja sehen.« Marvin lief ein paar Stufen nach oben und rief nach dem Trainer. »Oliver, komm mal, wir haben hier einen riesigen Pokal entdeckt!« Dann drehte er sich um, sprang mit einem Satz von der Stiege herunter und auf Ben zu. Er grapschte nach dem Kelch, aber Ben ließ nicht los und so zogen und zerrten die beiden mit aller Kraft, bis Marvin Ben einen Schubs gab. Mit einem überraschten Aufschrei plumpste der nach hinten. Der Pokal fiel scheppernd auf den unebenen Kellerboden, der Sockel des Kelchs sprang ab und aus dem Inneren rutschte etwas Gelbes heraus. Ein Stück Papier? Lennart griff danach und schob es sich hastig in die Hosentasche. Den Moment nutzte Marvin und stürzte sich auf die beiden Teile des Pokals. Als Ben sich endlich aufgerappelt hatte, war Klotzmeiers Sohn mit seiner Beute schon an der Treppe.

»Was ist denn hier los? Was hast du da, Marvin?« Der Trainer kletterte vorsichtig die letzten Stufen der steilen Stiege hinunter.

Anklagend hielt Marvin ihm die zerstörte Trophäe entgegen. »Lennart und Ben haben den Pokal kaputt gemacht.«

»Ach was«, lachte Trotzki und steckte die beiden Teile wieder zusammen. »Schön wie eh und je.« Er gab den Pokal an Marvin zurück, der Ben und Lennart hinterhältig angrinste.

»Moment mal«, brauste Ben auf. »Den haben *wir* gefunden. Das ist *unser* Pokal.«

Mit hochgezogenen Augenbrauen musterte

Trotzki seine jungen Spieler. »Tonis Sachen gehören zuerst mal dem Verein, Ben. Am besten nehme ich den Pokal mit, wir entscheiden später, was damit passiert.«

Lennart verschränkte die Arme vor der Brust und nickte. Alles war besser, als dass Marvin den Pokal behalten durfte.

»Ich weiß, was wir damit machen.« Marvin lächelte seinen Trainer zuckersüß an. »Mein Vater hat heute Morgen noch gesagt, dass er einen Pokal sucht, in dem er das Preisgeld für den Umweltwettbewerb überreichen kann.« Er

streckte die glänzende Trophäe in die Höhe. »Der ist doch ideal dafür.«

Trotzki überlegte kurz, dann nickte er. »So machen wir es. Und wenn wir Glück haben, dann ist der Pokal auch bald wieder hier im Haus – mitsamt Inhalt.« Die letzten Worte hatte er mehr zu sich selbst gesagt, doch Ben und Lennart hatten sie trotzdem gehört.

Die beiden Jungs kochten vor Wut. Dass Marvin sie nur noch angrinste und mit seinen Lippen lautlos das Wort *Pokal* formte, machte die Sache nicht besser. Sie waren froh, als Trotzki endlich die Aufräumaktion für beendet erklärte und sie sich auf ihre Räder schwingen konnten.

Eine Viertelstunde später bogen Ben und Lennart in den Limonenweg ein und steuerten auf das kleine Reihenhaus zu, in dem Lennart mit seinen Eltern und seinem Bruder Jannik lebte. Vor dem Gartentörchen legte Lennart eine rasante Vollbremsung mit seinem BMX-Rad hin. Sie lehnten ihre Räder an die Hauswand zu den dreien, die dort schon standen, und liefen über den schmalen Weg ans Ende des Gartens. Dort parkte der ausgemusterte Wohnwagen von Familie Ritter-Vogel, halb verborgen zwischen Büschen und niedrigen Apfelbäumen – das geheime Hauptquartier der Grünen Piraten, zu denen neben Ben, Lennart und Jannik auch noch Bens jüngere Schwester Flora und ihre Freundin

Pauline gehörten. Den Bandennamen hatten sie sich vor einiger Zeit zugelegt, weil sie schon oft für den Schutz der Umwelt aktiv geworden waren. Ihr Erkennungszeichen war der grüne Totenkopf.

Lennart konnte es kaum erwarten, den anderen ihren Fund zu zeigen. Die würden Augen machen! Er riss die Wohnwagentür auf und sprang mit einem Satz hinein. Ben folgte ihm.

»Da seid ihr ja endlich«, rief Flora und legte ihre UNO-Karten auf den Tisch. »Was gibt's denn so Spannendes?«

»Genau, raus mit der Sprache.« Pauline verschränkte die Arme vor der Brust und sah die Jungs erwartungsvoll an. »Ich hab dafür extra meinen Tanz-Workshop sausen lassen.«

Ben hatte noch am Fußballplatz an alle eine Nachricht geschickt und megaspannende Neuigkeiten angekündigt. *Treffen in einer halben Stunde im Hauptquartier!*

Während Ben von ihrem Pokal-Fund und dem Zusammenstoß mit Klotzmeiers Sohn erzählte, holte Lennart den gelben Zettel aus der Tasche, der in dem Sockel gesteckt hatte. Er breitete das Blatt auf dem kleinen Klapptisch aus und strich es glatt.

»Jetzt guckt euch das mal an«, flüsterte er.

Alle steckten die Köpfe über dem Tisch zusammen. Vor ihnen lag eine handgemalte Karte mit einem etwas ausgefransten Oval in der Mitte. Mehrere Stellen darauf waren mit kleinen Punkten markiert und diese mit Linien verbunden. Daneben standen in krakeliger Handschrift Meterangaben. Und in der Mitte befand sich ein dickes rotes Kreuz.

»Eine Schatzkarte!«, hauchte Flora ehrfürchtig.

»Yep.« Ben nickte und ließ sich neben Pauline auf die Bank fallen. »Der alte Krings hatte in seinem Keller eine waschechte Schatzkarte versteckt.«

»Der Wahnsinn!« Jannik zog das Blatt zu sich herüber und versuchte die Schrift darauf zu entziffern. »Wo kann das denn sein? Habt ihr 'ne Idee?« Er gab die Karte an Pauline weiter.

»Haben wir eigentlich noch was zu essen hier?«, fragte Ben. »Ich hab einen Monsterhunger.«

»Na klar.« Jannik kramte in ihrer Vorratskiste nach einer Packung Kekse, riss die Zellophanverpackung auf und stellte das Plastikteil mit den Keksen auf den Tisch.

In Bens Mund verschwanden gleich zwei auf einmal. »Lecker«, nuschelte er.

Fiona, Janniks kleine weiße Ratte, krabbelte aus seinem Ärmel und vertilgte die herunterfallenden Krümel.

»Ich hab's!« Paulines schrille Stimme ließ Fiona blitzschnell den Rückzug antreten, in Windeseile schlüpfte das Tier in Janniks Kapuzenpulli-Tasche.

»Ist eigentlich ganz einfach«, sagte Pauline und tippte auf

den oberen Teil der Karte. »Hier an der Linie steht *Elsbach* und die große Fläche darunter ist der Biebersee. Der heißt aber erst seit zwei Jahren so, deswegen kann es nicht da stehen. Die Karte muss viel älter sein. Der Elsbach fließt inzwischen auch anders.« Sie legte ihr Handy auf den Tisch. Der Kartenausschnitt, den sie aufgerufen hatte, zeigte Biebersee und Elsbach mit ihrem heutigen Flusslauf.

»Klar, der Elsbach ist doch renaturiert worden«, stellte Flora fest und schnappte sich noch einen Keks, bevor ihr Bruder alle aufgefuttert hatte. »Da war bis vor Kurzem noch das ganze Ufer zubetoniert.«

»Ein Schatz im Biebersee.« Ehrfürchtig betrachtete Lennart die Karte. »Wie cool ist das denn!«

Flora sah mit leuchtenden Augen in die Runde. »Also, Leute, was machen wir jetzt?«

»Na, was wohl. Wir gehen auf Schatzsuche«, grinste Pauline.

»Es gibt da nur ein kleines Problem«, gab Ben zu bedenken. »Vielleicht auch ein großes.«

Alle Augen richteten sich auf ihn.

»Im Biebersee gibt es ein Monster.«

Auf Tauchstation

»Was? Ein Monster?!« Flora verschluckte sich fast an ihrem Keks und hustete.

Ben klopfte seiner Schwester auf den Rücken. »Das hat Felix Mattes vorhin erzählt. Anscheinend haben mehrere Spaziergänger ein Monster im See gesichtet.«

»Und einen Dackel soll es auch schon gefressen haben«, ergänzte Lennart trocken.

»Dann wird das wohl doch nichts mit unserem Schatz, oder?« Flora war offensichtlich sehr unbehaglich zumute.

»Quatsch, den holen wir uns natürlich! Wer glaubt schon an Monster. Da hat bestimmt ein Angler einen fetten Wels aus dem See geholt und von Weitem sieht's dann wie ein Monster aus. Los, Leute, packt eure Badesachen und die Schnorchelausrüstung und dann gehen wir auf Schatzsuche!« Lennart griff nach seinem Rucksack und stopfte die Karte in die Seitentasche.

»Was kann denn euer alter Platzwart Wertvolles im See versenkt haben?«, fragte Jannik und sicherte sich schnell den letzten Keks.

»Vielleicht seine alten Fußballschuhe, weil die so doll gestunken haben?«, grinste Ben.

»Na klar, und für die legt er dann extra eine Schatzkarte an und versteckt sie auch noch in einem Pokal im Keller.« Lennart zeigte seinem Freund einen Vogel.

»Vielleicht hat er was gestohlen?«, überlegte Flora.

»Glaub ich nicht, der war immer total nett. Er hat nie gemeckert, wenn er mir noch mal die Umkleide aufschließen musste, weil ich wieder was vergessen hatte. Nee, der ist kein Dieb.« Ben schüttelte entschieden den Kopf.

»Es gibt aber bestimmt auch nette Diebe«, meinte Pauline.

Lennart sprang auf. »Wir werden es herausfinden, was da auf dem Seeboden liegt. Die Chance auf einen waschechten Schatz lassen wir uns doch nicht durch die Lappen gehen!«

Nachdem Pauline, Ben und Flora bei sich zu Hause Badesachen und Schnorchelausrüstung geholt hatten, strampelten die fünf auf ihren Rädern Richtung Biebersee. *Sechs* genau genommen, denn Fiona hockte in Janniks weich gepolstertem Fahrradkorb und hob das Näschen witternd in die Luft. Auch Jannik schnüffelte, als sie durch das Bieberheimer Gewerbegebiet radelten. »Hm, lecker! Das riecht nach Chips. Können wir nicht einen kleinen Zwischenstopp machen?« Sehnsüchtig warf er einen Blick auf das langgestreckte Gebäude, auf dem der orange Schriftzug HAPPY CHIPS prangte. »Ich *liebe* Chips, wisst ihr das eigentlich?«

»Nein«, entgegnete Flora mit treuherzigem Augenaufschlag. »Das hören wir jetzt alle zum ersten Mal.«

»Nix da, der Schatz ruft.« Ben lachte. »Aber bald sind wir reich und dann kannst du in Chips baden!«

»Iiih!«, rief Pauline. »Kratzig und fettig, fiese Vorstellung.«

»Finde ich gar nicht«, protestierte Jannik und schob sich auf der breiten Straße an die Spitze der Gruppe.

Hinter der Firma Haberkorn Galvanik bogen die Kinder in einen Feldweg ein, der in ein Waldstück führte. Nach hundert Metern machte der Weg eine Rechtsbiegung und dann standen sie am neu gestalteten Ufer des Elsbachs. Als das ehemals einbetonierte Flussufer renaturiert worden war, hatte man hier nicht nur an Überschwemmungsflächen und Ufergehölze mit ausreichend Nistplätzen gedacht, sondern auch an die Spaziergänger: Zahlreiche Parkbänke säumten den neu angelegten Weg entlang des Elsbachs.

Die Reifen knirschten auf dem Schotterweg und nach ein paar Flussbiegungen gelangten die fünf an den Biebersee. Von dort verlief ein Weg links am Ufer entlang bis zu einer kleinen Grillhütte ganz am anderen Ende des Sees. Hundert Meter davor führte ein Holzsteg ein Stück aufs Wasser hinaus. Zum Baden wurde der Biebersee kaum noch genutzt, da das Wasser trüb und kühl war und das Ufer schlammig. Und auch heute lag der See verlassen da.

Die Kinder schoben ihre Räder zum Steg und packten Taucherbrillen und Schnorchel aus.

Jannik warf einen Blick aufs Wasser und fröstelte. »Ähm, ich glaube, ich bleibe besser bei Fiona, nicht dass sie sich hier im Wald verläuft.«

»Du willst doch nur kneifen, weil dir zu kalt zum Schwimmen ist, stimmt's?«, zog Ben ihn auf.

»Wo ist eigentlich die Karte?« Flora kribbelte es schon in den Fingern, sie wollte endlich mit der Schatzsuche loslegen.

Lennart zog das gelbe Papier aus seinem Rucksack und die fünf beugten sich darüber.

»Also ich versteh's nicht.« Ben sah von der Karte zum See hinüber und kratzte sich ratlos am Kopf. »Das ergibt überhaupt keinen Sinn. Was sollen die Punkte auf der Karte denn bedeuten?«

»Das hier ist vielleicht der große Baum da drüben.« Flora deutete aufs gegenüberliegende Ufer, wo eine riesige Eiche die anderen Bäume überragte, und auf einen mit groben Strichen skizzierten Baum auf dem Plan. »Aber was soll der Punkt hier in der Seemitte? Da ist doch nichts.«

Auch die anderen hatten keine Idee, wie der Schatzplan zu entziffern war.

»Dann lasst uns einfach mal einen Tauchgang zur Seemitte machen«, schlug Pauline vor. »Vielleicht entdecken wir an der Stelle etwas Auffälliges. Einen Felsen oder ...«

»Ein gesunkenes U-Boot«, lachte Ben.

Kurz darauf stand Lennart in Badeshorts auf dem Steg und starrte übers Wasser.

Flora trat neben ihn und zupfte an ihrem lila Neoprenanzug herum. »Und, siehst du was glitzern?«

Er schüttelte den Kopf. »Das wäre ja auch zu einfach gewesen. Aber warte mal, was zum Teufel ... Da hinten, das sieht doch fast so aus ... Ist das ein Drachenkopf?«

»Das Monster?!« Flora klammerte sich erschrocken an Lennarts Arm.

»Was? Wo? Los, zeig mal!« Ben war mit zwei langen Sätzen neben den beiden. Er schob die Taucherbrille hoch und schirmte seine Augen mit den Händen gegen die Sonne ab.

»War nur Spaß!«, platzte Lennart heraus und kicherte.

»Oh, ich glaub's ja nicht, du alter Döskopp!« Wütend gab Flora ihm einen Schubs.

Lennart ruderte theatralisch mit den Armen und ließ sich rücklings ins Wasser fallen. Prustend und lachend tauchte er wieder auf. »Ihr hättet eure Gesichter sehen sollen!«

Ben grinste und sprang kurzerhand zu seinem Freund in den See, der nicht sonderlich tief war. Das Wasser ging den beiden nur bis zur Hüfte.

Neue Lieblings-bücher
Poßberg & Böckmann
DIE GRÜNEN PIRATEN
Giftgefahr unter Wasser
Südpol
Suppenwetter oder eine Geschichte vom Stehlen, Schenken und Wegwerfen
Lucie Kolb
Südpol
Simak Büchel
Larisa Lauber
Ein Herz für Monster
Der Schattenschlinger
Südpol
Gewinne jeden Monat ein Buchpaket im Wert von 50 Euro
suedpol-verlag.de/gewinnen.html
Südpol
www.suedpol-verlag.de

Eine spannende Entdeckung
durch die Geschmäcker der We

Entdecke den Geschmack der Welt und lerne 13 Kinder aus verschiedenen Ländern kennen: Wie leben Niika in Japan oder Feven in Äthiopien und was essen sie am liebsten? Welche Lieblingsrezepte haben Heitor aus Brasilien oder Gurmeet aus Indien?

Entdeckerseite mit Landkarte, Steckbrief und Länderinfos

Lieblings-Rezept mit Schritt-für-Schritt-Anleitung

»Für Tüftler und Unerschrockene eine ganz großartige Lektüre« Kilifü

Zwei Jungs, skurrile Roboter, ein geheimnisvoller Schrottplatz und eine große Mission ...
Milo und Jannis entdecken auf dem Schrottplatz ein unglaubliches Geheimnis! Aber dem Schuppen droht die Abrissbirne und die zwei hecken einen gewagten Rettungsplan aus. Spannung garantiert!

iX - Mission Schrottplatz!
200 Seiten, geb., 12,90 €
ISBN 978-3-943086-14-0
mit sw-Illustrationen
ab 9 Jahren

»Prädikat cool«
Deutschlandradio Kultur

Ich heiße Cosmo – Cosmo Morgenstern und bin zehn Jahre alt und ein paar Zerquetschte, wie mein Freund Rafi sagen würde. Und das hier sind meine Geschichten aus ungefähr dem letzten Jahr!

Cosmo und seine Welt
144 Seiten, sw-Illus, 9,90 €
ISBN 978-3-943086-13-3
ab 8 Jahren

Ein Herz für Monster

Die 8-jährige Ainu zieht mit ihrer Mutter Tabati und Pony Bifi von Dorf zu Dorf, wo die beiden ihre Dienste als Schädlingsbekämpferinnen und Monsterjägerinnen anbieten. Am liebsten würde Ainu jedes Monster, das sie fangen, auch behalten – sehr zum Ärger ihrer Mutter. Doch der nächste Auftrag erweist sich als besonders gefährlich: Ein Junge ist von einem unheimlichen Monster entführt worden – dem Schattenschlinger! Tabati will auf der Stelle kehrt machen, dieses Monster ist ihr eine Nummer zu groß. Aber sie hat die Rechnung ohne ihre furchtlose Tochter gemacht, die den Spuren des Monsters in die Gurgelsümpfe folgt, um den Jungen zu befreien …

Ein Herz für Monster – Der Schattenschlinger
128 Seiten, geb., s/w-Illus, 14,00 €
ISBN 978-3-96594-208-0, **ab 8 Jahren**

auch als e-book

Plötzlich verzog Lennart das Gesicht. »He, da ist was an meinem Bein!«

»Ist bestimmt das Monster, haha«, machte Flora. »Da fallen wir nicht noch mal drauf rein, Lennart.«

Er griff ins Wasser und zog einen zerfetzten blauen Müllsack heraus. »Ok, ist zwar kein Monster, aber trotzdem fies.« Er knüllte die Folie zusammen und warf sie auf den Steg.

Die Mädchen setzten ebenfalls Taucherbrillen und Schnorchel auf und ließen sich ins kühle Nass gleiten, um die Unterwasserwelt unter die Lupe zu nehmen. Der See war trüb, unzählige Schwebeteilchen erschwerten die Sicht. Kleine silbrig glänzende Fische flitzten zwischen grün be-

wachsenen Steinen herum. Bunte Plastiktüten hatten sich in den Wasserpflanzen verfangen und wogten hin und her, zerbeulte Getränkedosen und leere Plastikverpackungen rollten über die Flusskiesel.

Flora nahm den Schnorchel aus dem Mund und tippte Pauline an die Schulter. »Hast du das gesehen?«, fragte sie empört und schnappte nach Luft. »Da liegt ja total viel Müll auf dem Grund!«

»Das ist echt traurig!«, schimpfte Pauline und hielt nach Ben und Lennart Ausschau, die in der Seemitte tauchten, wo sich laut Schatzkarte ein weiterer Orientierungspunkt befinden sollte. »Komm, lass uns zu den beiden rüberschwimmen.«

Unterwegs ließen die Mädchen wieder ihre Blicke über den Boden schweifen, in der Hoffnung, eine Truhe oder etwas ähnlich Aufregendes zu entdecken.

Sie waren schon fast bei den Jungs angelangt, da packte plötzlich etwas Floras Fuß und zog sie zurück.

Monsteralarm

Floras Herz sackte eine Etage tiefer, panisch fing sie an zu strampeln. »Hilfe!«, prustete sie und schluckte haufenweise Seewasser.

»Was ist los? Flo, sag doch was!« Pauline griff nach dem Arm ihrer Freundin und zog sie zu sich herüber.

»Das Monster!« Flora krallte sich an Paulines Schulter fest. »Es hält mich fest!«

Pauline holte tief Luft und tauchte unter. Den Schnorchel hatte sie vor lauter Aufregung vergessen. Floras Strampeln hatte jede Menge Schlamm aufgewirbelt, sodass sie kaum etwas erkennen konnte. Ein großer dunkler Schatten waberte hinter Flora, er hatte einen seiner Arme ausgestreckt und um ihren Fuß geschlungen. Das Monster! Pauline war ganz starr vor Schreck, doch dann sah sie allmählich klarer und tauchte prustend wieder auf.

»Und?!« Flora blickte ihre Freundin mit schreckgeweiteten Augen an.

»Das ist kein Monster«, sagte Pauline langsam. »Das ist ... Müll! Beweg dich nicht, ich befreie dich.« Damit tauchte sie wieder unter, diesmal allerdings mit eingesetztem Schnorchel, und entheddderte den Plastikfetzen, der sich um Floras Fuß gewickelt hatte.

In diesem Moment kamen auch Lennart und Ben angepaddelt.

»Alles ok bei euch?« Besorgt musterte Ben seine Schwester, die etwas blass unter ihrer Schwimmbrille aussah.

»Geht schon wieder.« Flora grinste tapfer. »Das war vielleicht gruselig! Ich dachte kurz, das war's mit mir, *Game over*, gleich zieht mich das Monster unter Wasser.«

Kurzerhand gingen alle wieder auf Tauchstation und nahmen das unförmige grün-gelbe Gebilde genauer in Augenschein.

Mehrere Plastiktüten hatten sich in den langen Blättern der Wasserpflanzen verfangen. Daran waren Schnüre und anderer Müll hängen geblieben, bis das Ganze zu einem riesigen Klumpen mit schlängelnden Plastikfetzenarmen angewachsen war.

»Ich weiß nicht, was ich schlimmer finde«, stöhnte Lennart, nachdem sie wieder aufgetaucht waren, »ein echtes Monster im Biebersee oder dieses Müllmonster.«

»Auf jeden Fall muss der Müll aus dem See raus«, sagte Pauline.

Die anderen nickten entschlossen, der Schatz war erst mal vergessen.

»Was ist denn mit *dem* los?«, fragte Lennart und deutete auf den Steg, wo sein Bruder aufgeregt winkte.

»Lasst uns zurückschwimmen.« Pauline kraulte los und die anderen folgten ihr bibbernd, es wurde sowieso Zeit, dass sie aus dem Wasser kamen.

Jannik machte wilde Gesten zum Schilfgürtel hinüber, der sich links vom Steg ausbreitete. »Schwimmt mal hier rüber«, rief er, als seine Freunde nah genug waren. »Ich glaube, die Ente da ist verletzt.«

Jetzt sah Lennart auch, was sein Bruder meinte. Zwischen den Schilfrohren hockte eine Ente und schlug immer heftiger mit den Flügeln, je näher die Kinder kamen, aber sie flog nicht weg.

»Die Arme, sie hat sich in einem Apfelsinennetz verfangen und das hängt am Schilf fest«, rief Flora.

Pauline und Ben hatten den Schilfgürtel als Erste erreicht.

»Ich fange sie ein«, sagte das Mädchen entschlossen und griff beherzt zu. Die Ente wehrte sich nach Kräften. Natürlich war ihr nicht klar, dass sie sich gegen ihre Rettung sträubte. Aber schließlich konnte Ben das Netz von ihren Beinen streifen und Pauline entließ das Tier in die Freiheit.

Jannik hielt die Luft an. Hoffentlich hatte es sich nicht verletzt. Aber seine Angst erwies sich als unbegründet; so schnell die Ente konnte, flatterte sie auf den See hinaus.

Ben hielt das orange Apfelsinennetz in die Höhe. »Guckt

euch das an. Das ist doch echt das Allerletzte«, fluchte er. »Wie kommt bitte der ganze Müll in den Biebersee?«

»Das sind ja echte Todesfallen.« Flora schauderte. Sie konnte sich gut vorstellen, wie die kleine Ente sich gerade gefühlt hatte, schließlich war es ihr eben im See genauso ergangen. Gefangen im Plastikmüll!

Wütend betrachtete Jannik das Obstnetz, das Ben auf den Steg neben den blauen Müllsack geschmissen hatte. »Leute, hier gibt es Einiges zu tun für die Grünen Piraten.«

Die anderen nickten grimmig.

»Damit gewinnen wir bestimmt auch noch Klotzmeiers Umweltwettbewerb. Morgen ist doch die große Eröffnung in der Stadthalle.« Pauline schwang sich auf den Steg. »Wir nennen unser Projekt: Stoppt das Plastikmonster im Biebersee!«

Lennart grinste. »Cool. Und ganz nebenbei finden wir noch den Schatz!«

Am nächsten Morgen trafen sich Jannik, Flora und Pauline direkt nach dem Frühstück im Hauptquartier. Ben und Lennart waren beim Fußballspiel in Marienheide und so überlegten sie schon mal zu dritt, wie sie ihr Umweltprojekt am besten angehen wollten. Eins war klar: Der Plastikmüll, der sich im See befand, musste weg! Aber als die beiden Fußballer nach zwei Stunden siegestrunken in den Wohnwagen stürmten, hatten sie immer noch keine zündende Idee, wie sie das anstellen sollten.

Gegen Mittag radelten die Freunde zur Stadthalle, sie wollten auf keinen Fall Klotzmeiers Rede zum Umweltwettbewerb verpassen. Als sie ihre Räder an die Fahrradständer schlossen, strömten die Leute schon an ihnen vorbei Richtung Eingang.

»Wie schön, dass alle Bieberheimer plötzlich was für die Umwelt tun wollen.« Lennart grinste. »Da hatte unser Bürgermeister ja ausnahmsweise mal eine gute Idee.«

Jannik nahm Fiona aus dem Körbchen und ließ sie in seiner Pullitasche verschwinden. »Fragt sich nur, aus welchem Grund Klotzmeier den Wettbewerb veranstaltet. Wir wissen doch, dass ihm die Natur reichlich egal ist.«

Sie drängelten sich durch die Menge. Die schwarzen Plastikstühle, die in mehreren Reihen die Halle ausfüllten, waren schon zahlreich besetzt.

Lennart entdeckte Miranda in der Mitte und bedeutete

seinen Freunden ihm zu folgen. Jetzt hatte die ältere Frau mit dem karierten Hemd und der dunklen Cordhose die Kinder auch erspäht und winkte sie zu sich herüber. Miranda war das, was andere Erwachsene eine *Aussteigerin* nannten. Mit ihrem Hund Campino, Hühnern und Katzen lebte sie im alten Bieberheimer Hafen auf einem Hausboot, auf dem sie sowohl ein Gewächshaus als auch ein Chemielabor untergebracht hatte. Sie hatte den Grünen Piraten schon bei einigen ihrer Fälle geholfen.

Die Freunde schoben sich im Gänsemarsch durch die voll besetzte Reihe. Drei Mitarbeiter der Bieberheimer Stadtwerke, alle in den gleichen dunkelblauen Jacken mit SWB-Aufdruck, warfen den Kindern ungehaltene Blicke zu, als sie sich an ihnen vorbeiquetschten und neben Miranda auf die Stühle plumpsen ließen.

Die ältere Frau strahlte. »Ich muss euch unbedingt etwas erzählen«, begann sie, wurde aber von erbostem »PSSST!« hinter ihnen unterbrochen. »Nachher«, flüsterte sie noch, denn vorne auf der Bühne schob sich gerade der dicke Bürgermeister hinter das Rednerpult. Ein paar Leute klatschten und bald schloss sich der Rest des Publikums an.

Erwin Klotzmeier hatte seine dicken Finger vor dem Bauch verschränkt und ließ den Jubel mit einem gezierten Lächeln über sich ergehen. Dann hob er beschwichtigend die Hände. »Danke, danke«, säuselte er ins Mikrofon. Es quietschte laut, sodass der Bürgermeister das Gesicht verzog und einen bösen Blick Richtung Technikpult warf.

Über der Bühne war ein breites Banner gespannt. Weiße Schrift auf grünem Hintergrund verkündete: 1. BIEBERHEIMER UMWELTWETTBEWERB – DEINE GRÜNE IDEE FÜR UNSERE STADT. Klotzmeier hatte es sich nicht nehmen lassen, passend dazu eine knallgrüne Krawatte zu tragen.

»Liebe Bieberheimer«, versuchte Klotzmeier es erneut und jetzt kam seine Stimme klar und deutlich aus den Lautsprechern. »Ich freue mich wirklich sehr, dass so viele von euch meinem Ruf gefolgt sind und sich für unsere Stadt engagieren wollen. Denn Bieberheim ist unser aller Heimat, unser Zuhause und das müssen wir beschützen, oder etwa nicht?«

Zustimmende Rufe kamen aus dem Publikum und erneuter Applaus brandete auf.

»Der trägt ja dick auf«, zischte Flora.

»Und niemand merkt es«, raunte Pauline zurück.

Erneut machte es »PSSST!« hinter ihnen und Flora verdrehte die Augen.

»Ich will gar keine langen Reden schwingen; worum es im Wettbewerb geht, wisst ihr ja alle.« Der Bürgermeister lachte. »Macht euch Gedanken, wie wir Bieberheims Umwelt schützen können, was wir für unsere Natur, für unser Klima hier bei uns vor Ort tun können. Die beste Idee wird umgesetzt und der Gewinner erhält ...« Klotzmeier verstummte und blickte beifallheischend ins Publikum. Dann griff er unter das Rednerpult und zog mit einem Ruck die Hände hoch. Ein glänzender Pokal funkelte im Scheinwerferlicht, Geldscheine quollen oben heraus.

Ein Raunen ging durch die Menge. Neben ihnen schnappte jemand nach Luft.

»Zehntausend Euro für die beste Idee!«, bellte Klotzmeier.

Ben kniff die Augen zusammen. »Das ist echt der Pokal, den wir in Krings' Haus gefunden haben.« Er stupste Lennart in die Seite. »Marvin hat ihn tatsächlich seinem Vater gegeben.«

Lennart verzog das Gesicht.

»Blöd gelaufen, was?!«, zischte eine Stimme in ihrem Rücken.

Ruckartig drehten Ben und Lennart sich um. Marvin Klotzmeier! Und direkt daneben ein grinsender Ludger.

»Jetzt gebt Ruhe, Jungs, sonst lauft ihr beim nächsten Training zehn Extrarunden«, ließ sich ihr Trainer aus der Reihe dahinter vernehmen.

Es war ja wirklich ganz Bieberheim bei der großen Klotzmeier-Show!

Felix Mattes sprang um die Bühne herum und machte

Fotos und am Ende überreichte ein kleines Mädchen dem Bürgermeister noch einen Strauß Sonnenblumen.

»Der Fall ist doch ganz klar«, meinte Lennart, als das Spektakel endlich zu Ende war. »Klotzmeiers Körper ist von Außerirdischen in Besitz genommen worden.«

Miranda lachte. »Ganz ehrlich, da hätte ich mir aber einen anderen Körper ausgesucht.«

»So, jetzt rück schon raus mit der Sprache, was wolltest du uns vorhin erzählen?«, erinnerte Lennart die ältere Frau.

Miranda beugte sich vor. »Ich habe eine wahnsinnige Entdeckung gemacht und damit gewinne ich bestimmt den Wettbewerb! Was genau, das erzähle ich euch, wenn wir alleine sind, also kommt mal demnächst auf ein paar Kekse bei mir vorbei.« Sie grinste die Kinder siegessicher an. »Nur so viel: Jannik hat einen großen Anteil an meiner Entdeckung.«

»Ich?!« Jannik bekam ganz rote Ohren. Was hatte er nur gemacht? Er konnte sich an nichts Bahnbrechendes erinnern.

»Tja, Miranda.« Lennart lehnte sich zurück und verschränkte die Hände hinter dem Kopf. »Dann ist es wohl vorbei mit unserer Freundschaft. Ab jetzt sind wir Konkurrenten. Wir machen nämlich auch beim Wettbewerb mit.«

»Gut so«, sagte Miranda und grinste in die Runde. »Konkurrenz belebt das Geschäft.«

Merkwürdiger Fang

»Ich wüsste zu gern, was Miranda beim Wettbewerb einreichen will«, sagte Pauline und rückte sich den Kescherstab unterm Arm zurecht.

Die fünf Freunde waren mit Netzen, Eimern und Mülltüten bepackt auf dem Weg zum Biebersee, was das Fahrradfahren etwas beschwerlich machte.

»Und ich erst.« Jannik fuhr einen Schlenker um einen dicken Ast, der mitten auf dem Weg lag. »Ich zermartere mir schon die ganze Zeit das Hirn, was ich so Tolles gemacht habe, das sie auf eine geniale Idee gebracht hat.«

»Zu dir und genial würde mir auch nichts einfallen«, frotzelte sein Bruder und trat schnell in die Pedale, als Jannik versuchte, ihn mit seinem Kescher zu treffen.

Als die fünf in den Weg bogen, der zum Steg führte, stoppten sie überrascht.

»Was ist das da? Ich hoffe, ich seh nicht richtig!« Lennart kniff die Augen zusammen.

»Marvin Klotzmeier«, stöhnte Pauline. »Was hat der denn hier zu suchen?!«

Der stämmige Junge steckte in einem knallblauen Neoprenanzug und zerrte gerade ein wabbeliges gelbes Ungetüm aus seinem Fahrradanhänger, der an einem silbernen Mountainbike hing. Ein zweites Rad lag achtlos daneben im Ufergras.

Schwungvoll warf Marvin das unförmige Teil auf den Steg, wo bereits ein kleiner rot-schwarzer Kasten stand, aus dem ein Schlauch ragte, den er jetzt in das gelbe Ding friemelte. Ein durchdringendes, sirrendes Geräusch ertönte und die gelbe Hülle blähte sich allmählich auf.

Die fünf warfen sich fragende Blicke zu.

»He, Marvin!« Ben war abgestiegen und schob sein Rad zum Ufer. »Was wird das, wenn's fertig ist?«

Der Junge sah hoch und verzog das Gesicht, als er die Kinder entdeckte. »Boah, vor euch hat man auch nirgends seine Ruhe.«

»Wir freuen uns auch sehr, dich zu sehen«, sagte Pauline betont liebenswürdig. »Aber zum Glück ist der See für alle da und nicht nur für Familie Klotzmeier.«

»Zieht Leine, ich hab hier zu tun.«

»Trifft sich gut, wir auch.« Lennart zeigte auf das aufblasbare Teil, das jetzt seine volle Ausdehnung erreicht hatte und wie eine Mischung aus Luftmatratze und Schlitten mit Lenker aussah. »Und was soll das da sein?«

»Das ... ist ein Jetboot«, erklärte Marvin mit wichtiger Miene.

»Wohl eher ein *Jetbötchen*«, kicherte Pauline.

»Wart's nur ab.« Auf Marvins Gesicht lag ein überhebliches Grinsen. »Bald lachst du nicht mehr, denn damit werde ich ganz sicher die 10.000 Euro abräumen!«

»Mit dem Gummiboot da? Wie willst du das denn anstellen?«, feixte Lennart.

Marvin stand auf und warf sich in Pose. »Ich arbeite an einer Tour, bei der man mit dem Jetboot die Bieberheimer Wasserwelt erkunden kann – mit umweltfreundlichem Elektroantrieb! *Marvins Natur-Tour-pur*, der Freizeitspaß für die ganze Familie. Ich vereine mit meinem Projekt Wassersport und Naturverbundenheit.«

»Ganz unser Bürgermeister in klein« flüsterte Pauline Flora zu. »Hat schon jetzt die gleichen Sprüche drauf.«

»Vergiss es.« Jannik winkte ab. »Entweder gewinnt Miranda den Wettbewerb oder wir.«

»Woher willst *du* das denn wissen?!« Marvin warf ihm einen giftigen Blick zu.

»Ganz einfach, weil wir die besseren Ideen haben!«, sagte Jannik wichtigtuerisch.

»Ich glaube nicht, dass Marvin das was angeht«, zischte Lennart und unterbrach damit den Redeschwall seines Bruders.

Klotzmeiers Sohn drehte sich achselzuckend weg. »Wir werden ja sehen«, schnaubte er und sprang platschend ins

Wasser, wobei er das gelbe Boot mit sich zog. Ein Knie auf dem Jetski stieß er sich mit dem anderen Bein hüpfend vom Seeboden ab und versuchte aufzusteigen, doch das Boot neigte sich zur Seite, kippte und begrub ihn unter sich. Prustend tauchte er wieder auf. Beim zweiten Versuch warf er das rechte Bein über den Sitzhöcker, hatte aber so viel Schwung, dass er auf der anderen Seite wieder herunterrutschte. Erst beim dritten Versuch klappte es. Hoheitsvoll und klitschnass thronte Marvin auf seinem Gefährt, zog die Beine an und startete den Elektroantrieb. Probehalber lenkte er nach rechts und fuhr eine wackelige Kurve, die ihn gleich mitten in die Uferböschung führte.

»He, pass doch auf! Da brüten die Vögel!«, rief Jannik empört.

»Na und? Mir doch egal.« Marvin zerrte am Lenker seines Jetboots, zischte am Steg vorbei und hielt auf die Seemitte zu.

»Penner«, schimpfte Lennart. »Von wegen Natur-Tour-pur! Der will doch nur das Geld einsacken.«

Jannik winkte ab. »Das schafft der mit diesem bekloppten Projekt doch sowieso nicht.«

»Vergiss nicht, dass sein Vater den Preis verleiht, da ist alles möglich«, prophezeite Flora.

Langsam hatte Marvin den Bogen raus und fuhr jetzt in eleganten Schwüngen über den Bieberheimer See. Dann

stoppte er sein Gefährt und beugte sich zur Wasseroberfläche, als ob er dort etwas entdeckt hätte.

Lennart stockte der Atem. »Nicht dass der noch aus Versehen unseren Schatz findet!« Er kramte die Schatzkarte aus seinem Rucksack und hielt sie mit prüfendem Blick vor den See. »Wir müssen doch irgendwie rauskriegen, wofür die Punkte –«

Plötzlich sprang jemand auf den Steg, zwängte sich zwischen die fünf und riss dem verdutzten Lennart die Karte aus der Hand.

»Marvin!«, brüllte Ludger aus vollem Hals und sprang mit wedelnden Armen auf den Holzbohlen herum. »Guck mal, was ich hier habe!«

Marvin sah überrascht hoch, entdeckte seinen Freund und wendete sofort. Aber als er am Steg angekommen war, hatten Ben und Lennart Ludger das Papier schon wieder abgenommen.

»Eine Schatzkarte!«, feixte Ludger. »Die spielen hier Piraten, die Kleinen. Ich lach mich kaputt!«

»Halt die Klappe und hau ab!«, fuhr Ben ihn an.

Marvin musterte den gelben Zettel, den Lennart schnell wieder zusammenfaltete. Dann huschte ein Ausdruck des Erkennens über sein pausbäckiges Gesicht. »Der ist doch aus dem Pokal aus Krings' Haus, oder?! Der gehört euch gar nicht!«

»Quatsch, das ist überhaupt keine Schatzkarte«, versuchte Flora abzulenken. »Wir planen hier auch ein Umweltprojekt, aber das geht dich gar nichts an!«

Ben verschränkte die Arme vor der Brust. »Genau! Geht euch nix an, also verkrümelt euch.«

Missmutig watete Marvin ans Ufer und zerrte sein Boot hinter sich her. Ludger und er steckten die Köpfe zusammen, beschlossen aber anscheinend, lieber nicht zu versuchen, die Schatzkarte an sich zu bringen. Schließlich waren die Grünen Piraten in der Überzahl. Die beiden Jungen ließen die Luft aus dem Boot, packten alles in den Fahrradanhänger und verzogen sich.

»So, Leute, auf geht's, Müll-Fischen für einen sauberen

Biebersee!«, rief Pauline und wedelte auffordernd mit ihrem Kescher.

Mit Feuereifer durchstreiften die Kinder in der nächsten halben Stunde den Uferbereich Richtung Elsbacheinmündung und fingen den Müll mit ihren Keschern ein.

Joghurtbecher, Getränkedosen, Einweggeschirr, Plastikschalen, Wurstverpackungen und Plastiktüten füllten schon bald mehrere Müllbeutel und die beiden mitgebrachten Eimer.

»Da sind wir ja die nächsten drei Jahre noch beschäftigt«, stöhnte Jannik und zog sich ächzend am Steg hoch. »Ich brauch mal 'ne Pause.«

Ratlos starrten die fünf auf ihre Ausbeute.

»Wo kommt das nur alles her?«, fragte Ben und schwang sich neben Jannik. Er zog eine Plastikverpackung aus dem Eimer. »*Grillmeister Bratwurst* ... ok, die stammt sicher von der Grillhütte.«

»Vermutlich strömt der Müll durch den Elsbach hier rein.« Jannik deutete zur Flusseinmündung. »Das Zeug verfängt sich in den Wasserpflanzen und ballt sich dann zu Monsterkugeln zusammen.«

Lennart schlug plötzlich mit der flachen Hand aufs Wasser, dass es nur so spritzte. »Was haltet ihr davon, wenn wir einen Riesenkescher bauen, eine Art Müllfangnetz, das man an einem Boot befestigen kann?«

»Keine schlechte Idee.« Pauline legte ihren Kescher auf den Steg und zog sich herauf. »Wir könnten uns Mirandas Schlauchboot leihen.«

»Warum nicht? Lasst uns das einfach mal ausprobieren«, rief Flora begeistert. »Aber woher kriegen wir so ein großes Netz?«

»Null Problemo!« Ben grinste. »Bei Toni Krings ist das alte Tor aus dem Garten im Müllcontainer gelandet – mit Netz.«

»Perfekt!« Lennart kletterte aus dem Wasser. »Das müsste für unseren Testlauf reichen.«

»Wir fahren schnell hin und holen es.« Ben rubbelte sich mit einem Handtuch die Haare trocken.

»Und wir gucken uns inzwischen mal in der anderen Richtung am Ufer um«, schlug Flora vor, schnappte sich ihren Kescher und lief den Uferpfad entlang in Richtung Grillhütte.

An den Stellen, wo das Schilf das Ufer freigab, zogen die drei ihre Netze durchs Wasser und hatten schon bald den nächsten Eimer mit Müll gefüllt. Doch dann verfing sich noch etwas anderes in den Keschern: unzählige kleine, bunte und durchsichtige Schnipsel.

Kritisch nahm Flora ihren Fang unter die Lupe. »Seht euch das mal an, was mag das sein?«

Pauline griff ins Netz und fischte ein paar Teilchen heraus. »Plastik. Alles winzige Plastikteilchen.« Sie verzog das Gesicht. »Wo kommen die denn her?«

»Oh, guckt mal, wie süß!« Jannik hatte eine schnatternde Entenmama entdeckt, die mit fünf gelb-braunen Küken im Schlepptau über den See paddelte. Zielsicher steuerte die Entenfamilie auf einen Bereich zu, in dem auffallend viele der bunten Plastikschnipsel auf der Wasseroberfläche trieben. Die Ente senkte das Köpfchen und pickte nach den Schnipseln.

»Nein, nicht!«, rief Flora und scheuchte die Entenfamilie weg.

»Sie halten die Plastikdinger für Nahrung, wie schrecklich.« Pauline war entsetzt.

Und jetzt, wo sie den Blick für die kleinen Schnipsel geschärft hatten, entdeckten sie die Teilchen überall. Sie hatten sich im Schilfgras am Ufer verfangen, schwammen auf dem Wasser und klebten an ihrer Haut. Als hätte jemand eine Tüte Plastikkonfetti über dem See ausgeschüttet.

Mit den Keschern voller Schnipsel ließen sich die drei entmutigt auf der Bank vor der Grillhütte nieder, als sie plötzlich ein heiseres Stöhnen hinter sich hörten.

Zutritt verboten

Pauline, Flora und Jannik verharrten vor Schreck bewegungslos auf der Bank. Das Blut pochte ihnen in den Ohren. Was war das?! Das Monster vom Biebersee, das den Dackel verspeist hatte?! Vielleicht war doch etwas dran an den Gerüchten? Wer wusste denn schon, ob sich so ein Monster nicht auch an Land herumtrieb?

Ein lautes Rascheln ließ die drei erneut zusammenzucken.

»Wildschweine?«, flüsterte Flora.

»Das Monster!«, wisperte Jannik.

»Marvin!« Wütend sprang Pauline auf und stapfte zur Rückseite der Grillhütte.

Da stürzte plötzlich eine dunkel gekleidete Gestalt hinter der Holzhütte hervor. Mit einer Hand zerrte sie sich eine Kapuze über den Kopf, mit der anderen umklammerte sie einen blauen Plastiksack, der sich an einem Ast verhakte und zu Boden fiel.

Pauline starrte der dunklen Gestalt hinterher, die eilig im Wald verschwand. Plastikschnipsel rutschten aus der offenen Tüte, die zu Boden gefallen war. Verteilte etwa jemand absichtlich diese Dinger hier am See?! Das durfte ja wohl nicht wahr sein!

»Los, hinterher!«, zischte Jannik. »Den kriegen wir.«

Die drei sprinteten los. Hinter der Hütte führte ein schmaler Pfad zwischen den Bäumen hindurch. Von dem Typ im Kapuzenpulli war nichts mehr zu sehen, aber einen anderen Weg konnte er nicht genommen haben. Pauline rannte vorweg, dann kam Flora und als Letzter Jannik, der mit einer Hand Fiona in seiner Pullitasche festhielt, damit sie nicht herauspurzelte.

Nach ein paar Biegungen endete der Pfad plötzlich und die drei stoppten vor einem hohen Maschendrahtzaun. Auf dem Gelände dahinter konnten sie zwei längliche Wasserbecken, riesige runde Betonbecken und mehrere Gebäude erkennen. Menschen waren keine zu sehen.

»Wo ist der hin?« Pauline blickte verwirrt rechts und links am Zaun entlang. Eine schmale Grasnarbe trennte die Anlage vom Wald.

»Da! Da ist er doch«, rief Flora plötzlich und deutete auf einen der grauen Betontürme, wo gerade eine dunkle Gestalt durch die Tür schlüpfte.

Jannik blickte skeptisch am Zaun nach oben, er war bestimmt über zwei Meter hoch, gekrönt mit drei Reihen Stacheldraht. »Da kann der doch niemals rübergeklettert sein.«

»Dann muss es einen anderen Weg geben, kommt mit!« Pauline wandte sich nach rechts und lief los, weiter am Zaun entlang. Schon nach wenigen Metern entdeckte sie eine Tür, ebenfalls aus Maschendraht. Flora drückte die Klinke herunter. Die Tür ließ sich tatsächlich öffnen!

Die Kinder sahen sich unschlüssig an. Sollten sie da etwa hineingehen? Erlaubt war das bestimmt nicht, sonst wäre das Gelände nicht so gut abgesichert.

Pauline zuckte mit den Schultern. »Es ist ja niemand zu sehen, der uns erwischen kann. Und wir wollen diesen Umweltverschmutzer ja wohl nicht davonkommen lassen, oder?«

Flora nickte. »Also los!«

»Und die Herren Ben und Lennart machen es sich in der Zwischenzeit gemütlich. Wahrscheinlich sind sie noch ein Eis essen gegangen und wir geben hier alles«, grummelte Jannik, während er den Mädchen zögernd folgte.

Geduckt umrundeten Pauline und Flora die länglichen Wasserbecken und hockten Sekunden später hinter dem ersten der großen runden Becken, in dem sich eine senkrechte Platte wie ein großer Rührlöffel langsam drehte.

»Wo bleibst du denn?«, zischte Pauline und winkte Jannik ungeduldig, bis der sich keuchend neben sie hockte.

»Ist ja schon unheimlich hier.« Flora sah sich unbehaglich um. In der Luft lag ein geschäftiges Brummen und Rauschen, aber kein einziger Arbeiter ließ sich blicken. Es war, als ob die Anlage ganz ohne menschliches Zutun funktionierte. Eine schmale Straße trennte den Bereich mit den Becken von den grauen Gebäuden und links daneben erhoben sich zwei riesige, eiförmige blaue Behälter.

Fiona schob ihr Näschen aus Janniks Tasche und schnüffelte. Jannik machte es ihr nach. »Sie hat recht, hier riecht es komisch. Irgendwie faul.«

»Weiter, Leute.« Pauline spähte noch einmal über das Gelände, aber es war nach wie vor alles ruhig. Sie spurtete los, über die Straße zu dem Betonturm, in dem die Gestalt verschwunden war. Gerade hatte sie ihre Hand auf die Klinke gelegt, da hielt sie erschrocken inne.

Hinter ihr hatte sich jemand geräuspert. Pauline lief es kalt den Rücken herunter. Langsam drehte sie sich um, dabei streifte ihr Blick Flora und Jannik, die entsetzt auf einen Punkt hinter ihr starrten. Eine Frau, kaum größer als Pauline selbst, stand dort, in einem dunkelblauen Hosenanzug, über den sie eine orange Warnweste gestreift hatte. Und trotz allem war Pauline ein kleines bisschen erleichtert, denn die Frau war auf keinen Fall die Gestalt, die sie verfolgt hatten, dafür war sie ein ganzes Stück zu klein.

»Was habt ihr hier zu suchen? Das ist kein Spielplatz.«

In Anbetracht ihrer Größe hatte die Frau eine überraschend tiefe Stimme. Sie musterte die Kinder mit strengem Blick. »Wie seid ihr überhaupt hier reingekommen?«

»Die Tür im Zaun war offen«, erklärte Jannik und zeigte in Richtung Wasserbecken.

Die Frau runzelte die Stirn. »Wie kann das denn sein?« Sie zückte ihr Handy und gab kurze Anweisungen, dass jemand sofort die Tür überprüfen sollte. Scheinbar gab es hier doch noch ein paar Menschen.

Jetzt wandte die Frau sich wieder den Kindern zu. »Natürlich ist das kein Freifahrtschein, auf fremdes Gelände zu laufen, wenn eine Tür nicht abgeschlossen ist. Hier kann es sehr gefährlich werden, wenn man nicht aufpasst. Stellt euch mal vor, ihr wärt in eines der Becken gefallen.«

Pauline, Flora und Jannik schauten betreten zu Boden.

»Da haben wir gar nicht drüber nachgedacht«, sagte Flora zerknirscht. »Tut uns echt leid.«

»Wird nicht wieder vorkommen«, beteuerte Jannik und Pauline nickte bekräftigend.

»Na, dann will ich euch mal glauben.« Zum Glück schien die Dame nicht weiter nachforschen zu wollen, warum die Kinder hier hereingekommen waren.

Die Freunde wollten gerade zurück zur Maschendrahttür gehen, als die Frau sie zurückpfiff. »Diesmal nehmt ihr den offiziellen Weg.«

Und der war offensichtlich ganz woanders. Sie folgten der Frau zwischen den Türmen hindurch, vorbei an weiteren Wasserbecken und gelangten dann durch eine Stahltür in ein großes, langgestrecktes Gebäude. Rohre mit einem Durchmesser so groß wie Planschbecken liefen an der Decke entlang. Das Klacken der Schuhe hallte von den grauen Wänden wider.

»Wo sind wir hier eigentlich?«, fragte Flora, während sie versuchte Schritt zu halten.

»Das wisst ihr gar nicht?« Erstaunt sah die Frau auf das Mädchen herunter. »Das ist das Gelände der Stadtwerke, hier wird das gesamte Bieberheimer Abwasser gereinigt.«

»Was für eine riesengroße Anlage«, staunte Jannik.

»Ja, das braucht eine ganze Reihe an Verfahren, bevor aus dem Wasser, das durch eure Toilette läuft, wieder Trinkwasser wird.«

»Bäh!« Jannik verzog das Gesicht. »Das ist aber eine fiese Vorstellung.«

»Geht das denn überhaupt?«, fragte Flora erstaunt.

Die Frau lachte. »Na klar. Wir holen fast alles wieder raus, bis auf ...« Sie stoppte und kontrollierte kurz eine digitale Anzeige, die an der Wand neben der Ausgangstür hing. Dann drehte sie sich wieder zu den Kindern um. »Ich bin übrigens Kerstin Drehmel, ich leite die Stadtwerke.« Schon war sie durch die Tür und lief mit zackigen Schritten auf ein dreistöckiges Bürogebäude zu, das sie durch den Hintereingang betraten.

Es ging weiter durch einen Flur, vorbei an mehreren Türen, und dann standen sie in der lichtdurchfluteten Eingangshalle. Eine großzügige Wendeltreppe schraubte sich vor ihnen nach oben. An der Wand links hingen Fotos, die Bieberheim in früheren Zeiten zeigten. Das alte Rathaus, der damals noch funktionstüchtige Hafen, in dem jetzt Mirandas Hausboot vor Anker lag, und auf einem Bild war auch der Biebersee zu sehen, als er noch als Badesee genutzt wurde.

Viel Zeit zum Betrachten der Fotos blieb ihnen nicht, Frau Drehmel schob sie sanft, aber bestimmt Richtung Glastür. Doch dann deutete sie auf eine große Schautafel, die das gesamte Gelände der Stadtwerke von oben zeigte. »Auf dem Bild könnt ihr die verschiedenen Reinigungsstufen gut sehen. Dann hat sich euer Ausflug wenigstens gelohnt. Hier in der Rechenanlage«, ihr Finger zeigte auf ein graues Gebäude, »wird zuerst alles Grobe rausgefischt, also Tücher, Spielzeug, Uhren …«

»Was? Wie kommt das denn alles ins Abwasser?«, fragte Pauline erstaunt.

Die Leiterin der Stadtwerke schnaubte. »Ihr würdet euch wundern, was die Leute so alles in die Toilette werfen, als wäre das ein Abfalleimer!« Ihr Finger fuhr eine blaue Linie entlang. »Dann kommen verschiedene Reinigungsbecken, der Sandfang, Grobentschlammung und danach die Belebungsbecken.«

»Klingt, als ob das Wasser vorher tot war«, meinte Flora.

»Da hast du nicht ganz unrecht.« Frau Drehmel lachte kehlig. »In den Belebungsbecken tummeln sich unzählige, winzig kleine Wimperntierchen, Amöben und Bakterien, die hier fleißig Schmutzstoffe aufnehmen und zerlegen. Und da sie genau wie wir Menschen Sauerstoff brauchen, wird das Wasser damit angereichert.«

Jannik stupste Fiona zurück, die gerade auf seine Schulter huschen wollte. Er war sich nicht sicher, wie Frau Drehmel auf Ratten reagierte, auch wenn es eine so süße wie Fiona war. »Und dann ist das Wasser wieder komplett sauber?«

Die Chefin ließ ihren Finger weiterwandern. »Darauf folgen noch Nachklärbecken, Sandfilter und einiges mehr, das ist ein sehr komplizierter Prozess. Und der Klärschlamm, der dabei übrig bleibt, der landet hier in unseren Faultürmen, in den blauen Eiern.«

»Es hat auch ein bisschen so gerochen wie faule Eier«, grinste Flora.

»Neben dem Klärschlamm kommen da auch Lebensmittelreste hinein, das kann am Anfang schon ein bisschen riechen. Das sind die Faulgase, die beim Verrotten entstehen. Aber die haben auch ihr Gutes, die wandern nämlich ...«, ihr Finger fuhr weiter über den Plan zu einem kleinen grünen Gebäude, »... in unser Blockkraftheizwerk und damit können wir fast unseren gesamten Strom für die Kläranlage selber produzieren. Das ist doch fantastisch.« Frau Drehmel blickte die Kinder begeistert an.

»Also Strom aus Kacke und vergammelten Bananen sozusagen?« Jannik zog die Augenbrauen hoch.

»Ja, im Prinzip schon. Damit haben wir doch den Bieberheimer Umweltpreis so gut wie gewonnen, was meint ihr?«

Pauline grinste. »Seien Sie sich da mal nicht so sicher, den Satz haben wir von anderen auch schon gehört.«

Irgendwo über ihnen fiel eine Tür ins Schloss und als Jannik hochsah, entdeckte er einen schwarzen Kapuzenpullover, der an einer Garderobe baumelte! Und wenn er sich nicht täuschte, klebten daran sogar ein paar bunte Schnipsel!

Aufgeregt versuchte Jannik, Pauline und Flora ein Zeichen zu geben, doch in diesem Moment blickte Frau Drehmel auf ihre Armbanduhr und schob die Kinder Richtung Tür. »Also, wenn ihr euch dafür interessiert, wir bieten auch Führungen für Schulklassen an. Dann kommt man hier ganz offiziell und mit Erlaubnis herein.« Sie zwinkerte den Kindern zu und schloss die Tür.

Neue Pläne

Die Nachmittagssonne brachte die drei blauen Buchstaben auf der gläsernen Fassade des Bürogebäudes zum Leuchten: SWB – Stadtwerke Bieberheim.

Unschlüssig standen die Kinder auf dem Treppenabsatz vor dem Eingang, nachdem Jannik von seiner Entdeckung berichtet hatte.

»Das bedeutet, dass der Typ hier arbeitet?« Pauline kaute nachdenklich auf ihrer Unterlippe. »Aber wieso schmeißt ein Mitarbeiter der Stadtwerke Plastikschnipsel in die Gegend?«

»Lasst uns wieder zum See gehen. Vielleicht fällt Ben und Lennart dazu etwas ein«, meinte Flora. »Die müssten ja langsam mit dem Netz zurück sein.«

In diesem Moment riss lautes Handyklingeln die drei aus ihren Gedanken. Lennart war am Telefon und lockte sie mit einem unwiderstehlichen Angebot nach Hause.

»Jetzt machen wir erst mal Pause im Hauptquartier!«, rief Jannik und rieb sich voller Vorfreude die Hände. »Ben und Lennart haben Waffeln gebacken. Es gibt Vanilleeis und heiße Kirschen dazu!«

»Super! Wozu Brüder doch manchmal gut sind.« Flora grinste.

Nur Pauline verzog das Gesicht. »Und was machen wir mit dem ganzen Müll am See? Den können wir wohl kaum da liegen lassen.«

Der Gedanke an den köstlichen Pausensnack verlieh ihnen ganz neue Kräfte. Sie liefen zum See zurück und nachdem sie Floras Fahrradanhänger beladen hatten, packte sich jeder noch einen verschnürten Müllbeutel auf den Gepäckträger. Dabei rollte Pauline eine leere Limoflasche vor die Füße. Sie wollte das Ding schon in den Mülleimer stopfen, als ihr eine Idee kam. Schnell lief sie auf den Steg, kniete sich hin und ließ die Flasche voll Seewasser laufen. »Kann Miranda mal untersuchen«, rief sie Flora zu. »Damit du weißt, was du gestern geschluckt hast.«

Schon vor dem Haus der Familie Ritter-Vogel duftete es verführerisch. Jannik, Pauline und Flora schoben schnell ihre Räder in den Garten. Ein ausgefranstes grünes Tornetz hing über der offenen Wohnwagentür und Ben und Lennart passten sich auf der kleinen Rasenfläche einen Ball zu.

»Da seid ihr ja endlich! Mann, hat das lange gedauert, das Eis ist schon geschmolzen«, moserte Lennart zur Begrüßung.

»Ihr habt ja keine Ahnung, was wir gerade erlebt haben!«, verkündete Jannik großspurig.

Der kleine Klapptisch im Wohnwagen war voll beladen mit Waffeln, Eis und Kirschkompott.

»Wir haben euch auch was mitgebracht«, sagte Pauline und drückte Ben einen Müllbeutel und Lennart die Flasche mit Seewasser in die Hand. »Original Biebersee Naturquell. Nur das Trinken würde ich nicht empfehlen.«

Lennart hielt die Flasche gegen das Sonnenlicht. Darin schwebten unzählige kleine und größere Teilchen. Sogar von den bunten Schnipseln, die die Entenmutter hatte fressen wollen, schwammen zwei obenauf.

Während die Kinder in Rekordzeit die Waffeln verdrückten, wurden Ben und Lennart auf den neuesten Stand gebracht.

»Komische Geschichte«, sagte Ben kauend. »Das wäre doch total verrückt, wenn ein Angestellter der Stadtwerke Plastikschnipsel in den See werfen würde.«

Nachdenklich zerpflückte Pauline ihr Waffelherz. »Kann ich mir auch kaum vorstellen. Aber was wollte der dann mit der Tüte am See?«

»Moment mal ...« Flora schnappte Jannik schnell die letzte Waffel vor der Nase weg. »Was, wenn der Typ die Schnipsel gar nicht in den See geschüttet, sondern am Ufer aufgesammelt hat?«

Lennart schüttelte den Kopf. »Dann hätte er ja nicht vor euch weglaufen müssen.«

»Stimmt auch wieder«, sagt Flora schulterzuckend.

Die kleine Ratte war unterdessen von Janniks Bein heruntergeklettert und flitzte um die Mülltüte herum.

»Ich glaube, Fiona möchte den Müll genauer untersuchen. Gute Idee.« Jannik breitete ein Handtuch auf dem Boden aus und verteilte den Inhalt der Tüte darauf. »Ok, das kennen wir ja schon, Gummibärchentüte, Grillwürstchenpackung, Plastikteller, Joghurtbecher, eine Chipstüte.« Die großen Plastikverpackungen wollte er schon beiseitelegen, als sein Blick an einer Wurstpackung hängen blieb. »Das glaub ich ja jetzt nicht. *Salamisticks, mindestens haltbar bis* – jetzt haltet euch fest – *12.03.1992*. Das Ding ist uralt!«

»Und sieht trotzdem so aus, als hätte es gerade mal eine Woche im See gelegen«, sagte Ben erstaunt.

Frau Vogel schob ihren Kopf zur Wohnwagentür herein. Sie balancierte zwei große Krüge und fünf Gläser auf einem Tablett. »Wollt ihr was trinken? Ich hab euch Kakao gemacht und hier ist auch Wasser für alle.« Ihr Blick fiel auf den Müllteppich zu ihren Füßen. »Oh, ist das Kunst oder kann das weg?«

»Haha, sehr witzig, Mama. Weder noch.« Lennart nahm seiner Mutter das Tablett ab. »Das ist Plastikmüll aus dem Biebersee. Du glaubst nicht, wie viel Müll dadrin rumschwimmt. Jannik hat gerade sogar eine dreißig Jahre alte Wurstverpackung gefunden, die sieht fast aus wie neu.«

»Kein Wunder, Wasser kann Plastik ja auch nichts anhaben und bis es verrottet, können Jahrhunderte vergehen.« Frau Vogel schob mit dem Fuß ein paar Verpackungen zur Seite. »Bis dahin zerfällt es lediglich in immer kleinere Teilchen. Irgendwann sind die so klein, dass man sie mit bloßem Auge kaum noch erkennen kann. Mikroplastik nennt man das. Die Bezeichnung habt ihr doch bestimmt auch schon mal gehört, oder?«

Ben warf einen skeptischen Blick auf die Flasche mit dem Seewasser. »Ob da auch dieses *Mikroplastik* drin ist?«

»Wir Menschen produzieren einfach zu viel Müll«, seufzte Frau Vogel und wandte sich zum Gehen. »So, bis später.« Sie winkte den Kindern zu und schloss die Tür hinter sich.

Lennart drehte nachdenklich die Plastikflasche in der Hand. »Vielleicht reicht es gar nicht, den See zu säubern«, sagte er nachdenklich. »Genauso wichtig ist es doch, dass kein zusätzliches Plastik mehr hineinkommt.«

»Und das bedeutet, dass die Bieberheimer einfach weniger Plastik benutzen müssen«, stellte Pauline fest. »Dann kann es auch nicht im Elsbach landen.«

Lennart nickte. »Lasst uns mal überlegen, wo man auf Plastik verzichten könnte. An der Kasse bei MegaMeier gibt es schon mal keine kostenlosen Plastiktüten mehr.«

»Aber diese durchsichtigen Tütchen in der Gemüseabteilung, die benutzt Mama auch immer noch«, sagte Flora. »Dabei braucht man die gar nicht. Man kann doch Zucchini und Paprika auch lose in den Einkaufswagen legen.«

»Und vor allem das ganze Einweggeschirr.« Pauline zog den weißen Plastikteller aus dem Müll. »Da kann man genauso gut welche aus Porzellan nehmen.«

Ben grinste. »Dann weiten wir unser Umweltprojekt ab sofort aus und nennen es: Plastikfreiheit für Bieberheim!«

»Super Idee, Ben.« Flora war sofort Feuer und Flamme. »Wir könnten aus alten Klamotten Taschen nähen und sie an die Geschäfte verschenken – dann brauchen die gar keine Plastiktüten mehr. Oder wir organisieren in der Schule einen Tauschmarkt, man muss ja nicht immer alles wegwerfen und neu kaufen.«

»Und die Bäckerei Schiffer müssen wir überzeugen, dass sie auf die Plastikbecher verzichten, in denen sie den Kaffee mitgeben«, schlug Lennart vor. »Papa hat die Dinger auch immer im Auto.«

»Das ist bestimmt nicht so einfach.« Jannik setzte sich Fiona auf seine Schulter. »Vielleicht könnten alle Läden, die bei der Plastikfrei-Aktion mitmachen, eine Plakette bekommen, die sie an der Ladentür anbringen können.«

»Aber zuerst«, sagte Lennart und schnappte sich die leere Kekspackung, die noch auf dem Tisch stand, »sollten wir bei uns selbst anfangen und zukünftig auf Kekse aus Plastikverpackungen verzichten.«

»Gibt es denn überhaupt Kekse, die nicht in Plastik eingeschweißt sind?«, fragte Flora skeptisch.

»Und was ist mit Chips?!« Jannik schluckte. »Und Gummibärchen? Die sind ja auch in Plastiktüten.«

»Gute Frage, ich hab noch nie darauf geachtet, ob es die auch anders verpackt gibt.« Pauline klemmte sich eine braune Haarsträhne hinters Ohr. »Lasst uns am Montag mal im MegaMeier danach gucken. Schokokekse und Müsliriegel können wir aber auch selber backen, das geht ganz einfach!«

»Ich mach dir ab und zu ein paar Waffeln«, tröstete Lennart seinen Bruder. »Damit du nicht verhungerst.«

Ein Kissen traf ihn unsanft am Kopf.

»Moment mal, mein Handy ...« Lennart rappelte sich auf

und fummelte das Gerät aus der Hosentasche. »Oh, hallo Miranda? ...« Dann lauschte er und als er das Gespräch wegdrückte, blickte er seine Freunde bestürzt an. »Wir müssen sofort zum Hausboot. Bei Miranda ist jemand eingebrochen!«

Motte auf Abwegen

Miranda saß auf der Bank vor ihrer Kajüte und blinzelte in die Nachmittagssonne, als die Grünen Piraten ihre Räder am Pier abstellten.

»Hi Miranda, was ist passiert?« Lennart lief als Erster mit großen Schritten über das breite Brett, das zum Hausboot hochführte. Er bückte sich kurz, um Campino, den kleinen schwarzen Mischling, zu begrüßen und ließ sich dann neben Miranda auf die Bank fallen.

»Schön, dass ihr so schnell kommen konntet.« Die ältere Frau seufzte. »Ich bin echt fertig, mein ganzes Labor ist durchwühlt worden! Als ich vorhin mit Campino vom Spaziergang zurückgekommen bin, hab ich es entdeckt. Und die Unterlagen, die ich zum Wettbewerb einreichen wollte – alles weg! Gestohlen!«

»Was?! Das ist ja furchtbar«, sagte Flora entgeistert.

»Hast du denn noch Kopien?«, fragte Pauline.

Miranda tippte sich an den Kopf. »Hab ich alles hier drin, obwohl das jetzt auch egal ist, denn –«

»Erzähl doch erst mal, um was es eigentlich geht bei

deiner sensationellen Idee«, unterbrach Ben sie ungeduldig.

»Genau und vor allem, was hab *ich* damit zu tun?«, fügte Jannik hinzu. Er stupste Fiona in den Ärmel zurück, denn gerade hatte er Ernie und Bert, Mirandas Katzen, erspäht, die ihn vom Kajütendach aus beobachteten.

Miranda grinste ihn an. »Erinnerst du dich noch an die Tüte, die du von eurem Opa mitgebracht hast?«

Jannik nickte. »Klar, da hab ich Opa geholfen, seine Bienenkästen zu kontrollieren. In der Tüte waren die Wachsmottenlarven für deine Hühner.«

»Was für Dinger?«, fragte Flora.

»Larven von der Wachsmotte. Die können einen ganzen Bienenstock zerstören«, erklärte Lennart. »Die Wachsmotten legen ihre Eier direkt in die Bienenwaben und die Larven fressen sich dann durch den Bienenwachs und die Bieneneier.«

»Deshalb nimmt Opa die Larven auch direkt raus, wenn er welche entdeckt«, ergänzte Jannik. »Und für Hühner sind die ein echter Leckerbissen.«

Miranda nickte. »Genau. Und um diese Tierchen geht es auch. Ich hatte die Tüte zuerst zur Seite gelegt und am nächsten Tag sehe ich, dass die Mottenlarven ein Loch in die Tüte gefressen haben.«

Pauline machte ein verblüfftes Gesicht. »In das Plastik?«

»Genau! Und das brachte mich auf die Frage, was denn

im Magen der Larven mit dem Plastik passiert. Ob sie das Plastik mit ihren Verdauungssäften zersetzen und in seine Bestandteile zerlegen können.« Miranda sah die Kinder erwartungsvoll an, aber als keine Begeisterungsrufe ertönten, erklärte sie weiter: »Das Problem am Kunststoff ist ja, dass es nicht biologisch abbaubar ist, das bedeutet, es kann sich nicht auflösen, weil es extrem haltbar ist.«

Jannik nickte. »Das hält wirklich ewig, wir haben eine Wurstverpackung im See gefunden, die war dreißig Jahre alt!«

»Dabei gibt es Plastik erst seit etwas mehr als hundert Jahren, da hat man entdeckt, wie man Kunststoff aus Erdöl herstellen kann. Und inzwischen hat es natürliche Materialien in vielen Bereichen weitgehend verdrängt, es ist leicht, wasserdicht, stabil und preiswert herzustellen – eigentlich das perfekte Material«, stellte Miranda fest.

»Von wegen perfekt. Es ist ja scheinbar so billig, dass man es einfach wegschmeißen kann.« Flora schnaubte. »Und darum haben wir überall den Plastikmüll!«

»Genau.« Ernie sprang auf Mirandas Schoß und rollte sich dort zu einer schnurrenden Kugel zusammen. »Und darum wollte ich mich mit meinen Wachsmotten, die Plastik fressen und verdauen, kümmern. Dank deren Hilfe hätte ich vielleicht eine Substanz entwickeln können, die Plastik quasi biologisch auflöst, verschwinden lässt, wenn man so will.

Puff …« Sie ließ ihre Finger auseinanderspringen. »Das war mein Plan.«

»Krass, das klingt wirklich preisverdächtig«, sagte Ben beeindruckt. »Dann wäre das Plastikmüllproblem gelöst.«

Flora musste an den ganzen Müll denken, den sie im See gesammelt hatten. Puff, einfach weg. »Miranda, du bist genial.«

Die Frau lehnte sich lächelnd zurück und schloss die Augen. »Na ja, ein bisschen vielleicht.«

Lennart sprang auf. »Wie kannst du da so ruhig hier sitzen?! Du hast die Entdeckung des Jahrhunderts gemacht und jetzt hat sie dir jemand geklaut. Und der will bestimmt nicht nur den Bieberheimer Umweltpreis damit gewinnen!«

Miranda winkte ab. »Leider habe ich heute Morgen erfahren, dass ich nicht alleine so genial bin. Eine spanische Ärztin, die auch Imkerin ist, hat vor ein paar Monaten die gleiche Entdeckung gemacht. Und ihre Forschungen sind schon weiter fortgeschritten, es ist aber leider auch nicht sicher, dass das Plastik tatsächlich aufgelöst wird. Da muss noch viel geforscht werden.«

Die Freunde machten enttäuschte Gesichter, doch Miranda grinste. »Trotz allem hatte ich ein paar spannende Wochen. Aber so sehr mich die Entdeckung auch begeistert hat, sinnvoller finde ich sowieso, dass wir uns dafür einsetzen, weniger Plastik zu benutzen und Alternativen zu finden,

die umweltverträglicher sind.«

»Auf den Gedanken sind wir auch schon gekommen.« Flora erzählte von ihrem Zusammenstoß mit dem Müllmonster und ihren Plänen für ein plastikfreies Bieberheim.

Pauline holte die Flasche mit dem Seewasser aus dem Rucksack. »Hier gibt es gleich ein neues Forschungsobjekt für dich. Kannst du mal untersuchen, was in dem Wasser an Plastikteilchen vorhanden ist?«

Miranda nickte. »Klar, mach ich. Und ihr könnt dabei mal einen Blick ins Labor werfen. Ich hab nichts berührt, vielleicht fällt euch ja noch was auf. Diesem Schweinehund, der das durchwühlt hat, würde ich schon gerne meine Meinung sagen, auch wenn der mit seiner Beute gar nichts anfangen kann. Und wenn wir den erwischen, kann er das Deck schrubben, bis es blitzt!«

Die Kinder folgten ihr durch die Kombüse in einen kleinen Raum, wo das Labor untergebracht war. Ein bisschen Chaos herrschte hier zwar immer, aber jetzt waren Ordner aus den Regalen gerissen und die Papiere vom Schreibtisch verteilten sich auf dem Boden. Dazwischen lagen Scherben von zersprungenen Reagenzgläsern.

»Wer kann das gewesen sein, hast du eine Idee?«, fragte Flora, während sie das Durcheinander betrachtete.

Die ältere Frau zuckte mit den Schultern. »Ich hab nicht die geringste Ahnung, ich hab nämlich keinem Menschen von meinen Wachsmotten erzählt.«

»Ich wette, dass es Marvin Klotzmeier war«, meinte Jannik.

Ben schüttelte den Kopf. »Ich trau dem Idioten zwar alles Mögliche zu, aber wieso sollte er *das* tun?«

»Ganz einfach, weil er den Preis gewinnen will und ... einer von uns ...«, er hüstelte verlegen, »hat ziemlich damit angegeben, dass Miranda den Preis gewinnen wird. Und das wollte er unter Garantie verhindern!«

»Wow, Bruderherz, genial kombiniert.« Lennart boxte seinem Bruder gegen den Arm. »Auch wenn du der Depp warst, der das gesagt hat.«

»He, pass auf«, rief Jannik. »Fiona ist in meinem Ärmel unterwegs.«

»Sorry, Fiona«, säuselte Lennart und boxte gegen Janniks Oberschenkel.

Ben räusperte sich. »Es gibt aber noch einen zweiten Kandidaten.«

Alle blickten ihn gespannt an.

»Oliver Trotzki. Unser Trainer, der ist nämlich auch ganz scharf auf den ersten Platz. Und er saß hinter uns in der Stadthalle, als du von deiner Idee erzählt hast, Miranda.«

Lennart ließ sich auf den Schreibtischstuhl plumpsen und drehte sich. »Traust du ihm das denn zu?«

»Mir wäre es lieber, wenn es Marvin war«, sagte Ben und grinste. »Ich würde ihm zu gerne beim Deck schrubben zusehen.«

Aber so genau sie auch alles unter die Lupe nahmen, im Labor fand sich kein Hinweis auf den Dieb.

Ben und Lennart wurden allmählich unruhig, sie mussten gleich noch mal im Haus des Platzwarts beim Ausmisten helfen.

Pauline betrachtete die beiden nachdenklich. »Sind Oliver Trotzki und Marvin auch da?« Und als Ben nickte, reifte eine Idee in ihr. Es musste doch eine Möglichkeit geben herauszufinden, wer Mirandas Unterlagen gestohlen hatte. Plötzlich zog sich ein Grinsen über ihr Gesicht. »Ich glaube, ich hab einen ziemlich genialen Plan, wie wir den Schuldigen entlarven können.«

Eine heiße Spur

Als Ben und Lennart am zukünftigen Vereinsheim des FC Bieberheim ankamen, warteten die anderen Jungs aus ihrer Mannschaft schon im Garten. Marvin und Ludger standen etwas abseits und tuschelten. Als sie die Neuankömmlinge erspähten, grinste der Sohn des Bürgermeisters. »Na, seid ihr mit euren Piratenspielchen fertig?«

Ben und Lennart ignorierten die beiden. Sie mussten die passende Gelegenheit abwarten, um ihren Spruch über Mirandas Unterlagen anzubringen und die Verdächtigen in die Falle zu locken. Paulines Idee war einfach zu gut!

»Hi, Arda, wo steckt denn der Trainer?«, rief Ben dem Torwart zu, der sich in einen der Gartenstühle fläzte.

»Hi, Alter«, grüßte der lässig und deutete auf die Terrassentür. »Oliver ist drinnen und redet noch mit der Blankenhagen vom Vorstand. Es geht, glaube ich, um den neuen Platz. Wir sollen warten.«

In diesem Moment wurde die Glastür geöffnet und Trotzki steckte den Kopf heraus. »Hier sind noch zwei Kisten mit Zeitungen und Katalogen, die könnt ihr schon mal ins Altpapier bringen«, wandte er sich an die beiden Jungs, die direkt vor ihm standen – Ben und Lennart.

Arda grinste und hielt sein Gesicht in die Sonne. »Ja, Jungs, dann haut mal rein. Ich chill noch ’ne Runde.«

»Sausack.« Ben boxte ihn freundschaftlich an die Schulter. Dann schleppte er mit Lennart die schweren Plastikkisten am feixenden Marvin vorbei in den Vorgarten und wuchtete sie über den Zaun. Sie klappten den Deckel der Mülltonne hoch und ließen Briefe, alte Verpackungen und Zeitungen im hohen Bogen ins Innere fliegen. Plötzlich stoppte Ben, als ihm auffiel, dass nur noch er alleine die Papierberge in den Müll schaufelte. Sein Freund lehnte am Zaun und hatte sich in eine alte vergilbte Ausgabe der Bieberheimer Morgenpost vertieft. Der steinerne Löwe, der auf dem Torpfosten neben ihm wachte, schien ihn dabei kritisch zu mustern.

»Und, was gibt’s da Interessantes?« Ben streckte sich und blickte seinem Freund über die Schulter.

MUSEUMSRAUB IN BIEBERHEIM lautete die fette Schlagzeile.

»Das ist echt krass«, sagte Lennart aufgeregt. »Hör mal: *In der Nacht zum Samstag wurde im Bieberheimer Geschichtsmuseum der berühmte Schatz vom Heinrichwall gestohlen, eine Leihgabe des Völkerkundemuseums Kloppenberg. Die wertvollen Stücke, die Arbeiter 1964 in einem Hügel fanden, gehörten zum Grab des Grafen zu Kloppen-*

berg. Goldene Becher und Löffel, Dolche, Münzen, Juwelen und Schmuck wurden entwendet. Und jetzt kommt's ...« Lennarts Stimme war ganz heiser vor Aufregung. »*Wie der Museumswärter Toni Krings mitteilte, wurde damit nicht nur ein beträchtliches Vermögen gestohlen, auch historisch sind die Gegenstände von unermesslichem Wert.*« Er ließ die Zeitung sinken und blickte seinen Freund an. »Toni Krings! Und ein gestohlener Schatz. Klingelt da was bei dir?«

»Und ob!«, sagte Ben. »Steht da noch mehr?« Er schwang sich auf den zweiten Torpfeiler, auf dem nur noch bröckelnder Mörtel davon zeugte, dass hier früher ein zweiter Löwe gewacht hatte.

»*Auch sein Kollege Fritz Hambloch zeigte sich erschüttert, da er in dieser Nacht Dienst gehabt und nichts bemerkt hatte*«, las Lennart weiter.

Ben fuhr sich durch seine blonden Stoppeln. »Was meinst du? Ob Toni mit seinem Kollegen gemeinsame Sache gemacht hat?«

»Schon möglich.« Lennart riss die Seite aus der Bieberheimer Morgenpost und stopfte die restliche Zeitung ins Altpapier.

»So was hätte ich unserem alten Platzwart echt nicht zugetraut«, murmelte Ben, während er die letzten Schnipsel aus der Plastikwanne in die Tonne kippte. »Der war supernett!«

Lennart klopfte seinem Freund auf die Schulter. »Er hat es ja anscheinend bereut und die gestohlenen Sachen nicht verkauft, sondern im Biebersee versenkt. Vielleicht hat er Gewissensbisse bekommen.«

»Ja, vielleicht.« Ben streckte sich und sah seinen Freund plötzlich mit zusammengekniffenen Augen an. »Sag mal, kann das sein, dass ich das ganze Zeug alleine da reingeschaufelt habe?!«

Lennart wischte sich die schwarzen Haare aus dem Gesicht und grinste. »Komisch, hab ich gar nicht gemerkt.«

»Du faule Socke, na warte!« Mit erhobener Kiste ging Ben auf ihn los und Lennart nahm lachend Reißaus.

Ein gellender Pfiff machte der Jagd ein Ende. Trotzki rief seine Mannschaft zur Arbeit.

Als die Freunde auf die Terrasse trabten, hielt der Trainer gerade eine kleine Ansprache. Neben ihm stand eine schlanke Frau mit dunklen, halblangen Haaren und schwarzer Brille. Melanie Blankenhagen war Mitglied im Vorstand des FC Bieberheim und Ludgers Mutter. Wohlwollend ließ sie ihren Blick über die Mannschaft ihres Sohnes schweifen.

»Frau Blankenhagen wird uns bei unserer Bewerbung für den Umweltpreis und damit für einen neuen Naturrasenplatz unterstützen, Jungs. Ich denke, das ist einen Applaus wert.«

Die Mannschaft klatschte brav.

»Und ich bin mir ziemlich sicher, dass wir das Ding gewinnen.« Trotzki grinste zuversichtlich.

Ben und Lennart sahen sich an und nickten dann unmerklich.

»Glaub ich eher nicht«, sagte Lennart laut. »Miranda hat eine ziemlich geniale Idee, mit der sie bestimmt den ersten Platz machen wird.«

Der Trainer und Frau Blankenhagen schauten erstaunt zu ihm herüber.

»Was hat Frau Mühlberg denn ... für eine Idee?«, fragte Frau Blankenhagen schnippisch, als könnte sie sich beim besten Willen nicht vorstellen, dass so jemand wie die Aussteigerin Miranda überhaupt zu einem vernünftigen Gedanken fähig wäre.

»Ihr sind nur leider alle Unterlagen gestohlen worden, die sie erarbeitet hatte«, setzte Ben nach.

»Aber zum Glück hatte sie Kopien gemacht«, fiel Lennart ein. »Sie kann ihr Projekt also trotzdem nächste Woche einreichen.«

»Na, das freut mich«, sagte Oliver Trotzki bemüht. »Wir werden dennoch gewinnen. Wir *müssen* gewinnen!«

Ludgers Mutter warf ihm einen skeptischen Blick zu. »Ich muss dann los. Kannst du zwei Jungs mit der Kommode zum Auto schicken, Oliver?«

Trotzki nickte und sein Blick blieb sofort an Ben und Lennart hängen. »Ihr zwei, mitkommen«, befahl er.

Lennart stöhnte. Das hatten sie sich jetzt durch ihren Einwurf eingebrockt. Aber er hatte das Gefühl, dass der Köder geschluckt worden war. Und das war die Hauptsache.

Ein paar Minuten später wankten die Freunde unter der Last einer alten Holzkommode aus der Haustür.

Frau Blankenhagen wartete schon ungeduldig neben einem knallroten Pick-up, der vor dem Haus parkte. *LeWie* stand in großen weißen Buchstaben an der Autotür. Und etwas kleiner darunter: *Lebensmittelwiederverwertung – für eine bessere Umwelt.*

»Stellt die Kommode hinten drauf«, wies sie die Jungs

an. Sie schlug die Plane zurück und ließ die Klappe herunter.

Stöhnend wuchteten Ben und Lennart das Ungetüm auf die Ladefläche.

»Da sind bestimmt Kanonenkugeln drin«, schimpfte Lennart.

Ben zog eine Grimasse, während er die Kommode weiter vorschob, doch dann stutzte er. Was war denn da unter der Plane? Er beugte sich vor und wischte mit der Hand über die Ladefläche. Drei kleine Plastikschnipsel klebten an seinen Fingern. Diese Dinger schienen sie ja zu verfolgen!

Bevor er Lennart seine Entdeckung zeigen konnte, schlug Frau Blankenhagen die Plane über die Kommode und schloss die Ladeklappe. Dann brauste sie davon.

»Die hätte wenigstens mal Danke sagen können«, beschwerte sich Lennart.

Ben hielt ihm seinen Fund unter die Nase. »Jetzt erzähl mir mal, was Ludgers Mutter mit den Plastikstücken im See zu tun hat.«

Sein Freund betrachtete die Teilchen ratlos. »Die hast du auf dem Wagen gefunden?«

Ben nickte und sah in die Richtung, in die der Pick-up verschwunden war. »Ich glaube, die Dame sollten wir uns mal näher ansehen.«

Die Falle schnappt zu

»Was? Ludgers Mutter hat die Plastikschnipsel in den See gekippt?« Flora machte große Augen, als die Jungs von ihrer Entdeckung berichteten. »Aber warum?«

Campino bellte laut, als wollte auch er seine Empörung darüber zum Ausdruck bringen. Beruhigend kraulte Jannik ihn hinter den Ohren.

Die fünf Freunde wollten bei Miranda auf dem Hausboot übernachten. Da morgen Sonntag war, hatten sie kein Problem gehabt, von ihren Eltern die Erlaubnis dafür zu bekommen.

Nach einem kurzen Abstecher nach Hause, wo sich die Kinder mit Schlafsäcken, Isomatten und Zahnbürsten ausgerüstet hatten, kehrten alle an Deck zurück. Jetzt waren sie gespannt, ob Oliver Trotzki oder Marvin den Köder geschluckt hatten und einer von ihnen versuchen würde, die Unterlagen ein zweites Mal zu stehlen.

Ben quetschte sich neben Jannik auf die Bank vor der Kombüse. »Vielleicht hat Frau Blankenhagen damit ja auch gar nichts zu tun, aber auf jeden Fall lagen diese

Plastikschnipsel in ihrem Auto und die sahen genauso aus wie die vom See.«

»Das kann kein Zufall sein!«, ereiferte sich Pauline. »Was ist das denn für eine Firma, dieses LeWie?«

»LeWie steht für Lebensmittelwiederverwertung.« Lennart machte ein wichtiges Gesicht. »Ich hab mir vorhin die Firma im Internet angesehen. Und wisst ihr, was die da machen?« Ohne eine Antwort abzuwarten, marschierte er in die Kombüse und zog Mirandas Biomülleimer unter der Spüle hervor. »Die sammeln abgelaufene oder übrig gebliebene Lebensmittel von Restaurants und Supermärkten und zerschreddern die dann.«

»Und damit kann man Geld verdienen?«, fragte Pauline erstaunt.

»Ja klar. Die Matsche wird an Unternehmen weiterverkauft, die Biogasanlagen betreiben.« Lennart lüftete den Deckel des kleinen Eimers und hielt ihn seiner Freundin unter die Nase.

»He, du Ferkel, das stinkt!« Pauline wandte sich naserümpfend ab.

»Genau wie in der Biogasanlage.« Lennart stellte den Eimer zurück. »Die alten Lebensmittel gammeln da vor sich hin und dabei entsteht Gas. Das wird dann über ein paar Umwege zur Strom- und Wärmeerzeugung genutzt«, rief er aus der Kombüse.

»Das kommt mir aber bekannt vor«, murmelte Jannik. »Wo hab ich das schon mal gehört?«

»Also mir ist das alles viel zu kompliziert«, stöhnte Ben. »Ich komm mir schon vor wie in der Schule.«

Verständnislos sah Lennart ihn an. »Wieso? Das ist doch voll spannend!«

Miranda war mit einem großen Teller in der Hand hinter Lennart aus der Küche getreten und lächelte gerührt. »Du hast ein Herz für Chemie, Lennart, genau wie ich!«

»Und ich hab ein Herz für Kuchen!« Jannik sprang auf und griff nach dem duftenden, schokobraunen Gebäck, das auf dem Teller lag. »Mmh, Brownies zum Abendessen, das gefällt mir!«

»Nur eine letzte Stärkung, bevor es gleich losgeht! Später gibt's noch Mitternachtspizza«, flüsterte Miranda.

»Aber was ich immer noch nicht kapiere«, nuschelte Jannik, »was haben zermatschte Lebensmittel mit den Plastikschnipseln zu tun?«

»Gute Frage.« Flora runzelte die Stirn. »Ich hab keine Ahnung.«

Jannik futterte einen Brownie nach dem anderen, während er sich das Gehirn zermarterte, woran ihn diese LeWie-Geschichte erinnerte. Aber er kam einfach nicht drauf.

Die Kinder verstauten ihre Schlafsäcke und Isomatten im Schuppen, der normalerweise Mirandas Motorrad als Garage diente. Die Maschine parkte jetzt an Land und war unter einer Plane versteckt.

Pauline sah auf die Uhr und trommelte ungeduldig mit den Fingern auf die Reling. »Wir sollten uns langsam auf unsere Positionen verteilen. Wär doch blöd, wenn der Kerl uns alle hier an Bord sieht und wieder verschwindet.«

»Keine Sorge, der wird warten. Da bin ich mir sicher.« Lennart ließ den Blick über das Ufer schweifen. »Egal ob Trotzki oder Marvin, die denken beide nur an die Siegprämie.«

»Ich wette mit euch, dass es Marvin ist«, sagte Ben. »Und wenn der an Deck kommt, dann schnapp ich mir den!«

»Sind die Zettel mit dem Pulver präpariert?« fragte Pauline leise.

Miranda nickte. »Alles vorbereitet, wie besprochen!«

»Ok, auf geht's! Dann sorgen wir jetzt mal dafür, dass unser Dieb auch sieht, dass wir alle vom Boot verschwinden, falls der uns schon beobachtet.«

Lennart kletterte mit Flora, Jannik, Miranda und Campino den Steg zum Kai hinunter. Miranda machte sich mit ihrem Hund auf eine ausgedehnte Gassirunde und die Kinder schnappten sich ihre Fahrräder. Sie fuhren bis zur Hafenzufahrt, ließen dort die Räder hinter einem dichten Haselnussstrauch zurück und schlichen sich dann zum Beobachtungsposten im Gebüsch am Anleger zurück. Wenig später gesellten sich auch Miranda und Campino zu ihnen. Von hier hatten sie den Aufgang zum Hausboot perfekt im Blick. Zum Glück war der Himmel sternenklar und der Mond strahlte auf den alten Hafen herunter.

Ben und Pauline hatten sich im Schuppen auf dem Hausboot versteckt, nachdem sie Miranda geschworen hatten, nicht herauszukommen, sondern den Dieb nur durch den Türspalt zu beobachten.

»Hoffentlich hat Marvin angebissen«, wisperte Ben und starrte angestrengt durch den Schlitz aus Mirandas Garage.

»Wenn er überhaupt der Dieb ist.« Pauline unterdrückte ein Gähnen. »Hoffentlich kommt überhaupt mal einer. Mein Fuß ist einge–«

»Pst!«, zischte Ben. »Da war was!«

Pauline hielt die Luft an und lauschte. Ein leises Poltern und Schleifen, als würde etwas über den Boden gezogen. KLOCK!

»Ich seh nix!«, fluchte Ben. »Wo ist der Kerl?!«

Dann plumpste etwas an Deck.

»Da klettert jemand an Bord!«, flüsterte Pauline mit zitternder Stimme und krallte sich in Bens Arm. Der Dieb kam tatsächlich ein zweites Mal! Ein Schauer lief ihr über den Rücken. Irgendwie hatte sie gar nicht wirklich damit gerechnet. Leise Schritte tapsten über knarzende Schiffsplanken.

Durch den Spalt im Tor beobachteten Ben und Pauline eine dunkle Gestalt, die sich an der Reling entlangtastete.

»Das ist bestimmt Marvin«, knurrte Ben und wäre am liebsten sofort aus dem Versteck herausgestürmt, aber schließlich hatten sie Miranda versprochen, abzuwarten.

An Land vibrierte Lennarts Handy. »Der Dieb ist zurück!«, zischte er den anderen aufgeregt zu. »Hat Pauline eben geschrieben.«

»Hä?«, wisperte Jannik. »Wo kommt der denn auf einmal her? Hier war doch niemand. Haben wir gerade alle gepennt?«

»Keine Ahnung.« Lennart starrte gebannt zum Hausboot hinüber.

Jannik runzelte die Stirn. »Aber wenn er gar nicht von hier aus an Deck geklettert ist, dann bedeutet das doch, er muss von der anderen –«

Lautes Gepolter auf dem Boot und Schreie unterbrachen seine Überlegungen.

Die vier erstarrten.

»Los, alle Mann an Bord!«, brüllte Lennart und rannte los.

Noch ein Diebstahl

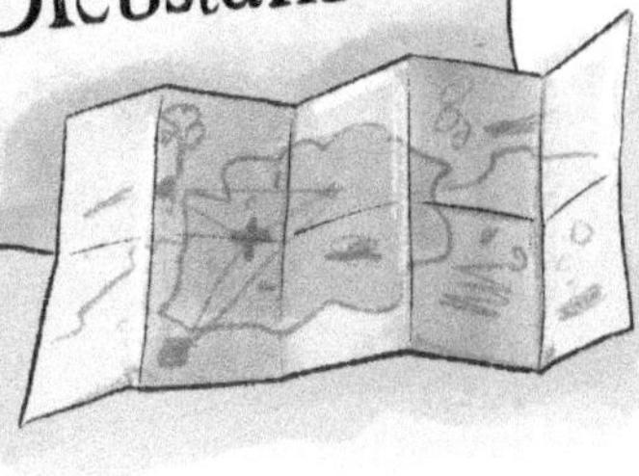

Miranda, Jannik, Lennart und Flora stürmten über die Holzplanke an Deck und rannten, so schnell sie konnten, an Kombüse und Gewächshaus vorbei. Ben und Pauline standen an der Reling und schrien wütend hinter einem schwarzen Schlauchboot her, das gerade durch die Hafenzufahrt verschwand.

»Habt ihr ihn erkannt?«, keuchte Lennart.

Ben war knallrot im Gesicht. »Kein Stück! Durch den Türspalt konnte man kaum was sehen.«

»Er hatte schwarze Klamotten an und eine Kapuze auf. Es könnte jeder gewesen sein«, zischte Pauline.

»Echt doof gelaufen.« Missmutig starrte Lennart in die Dunkelheit.

Miranda kam grinsend um die Ecke. »Macht euch keine Gedanken. Wir werden bald wissen, wer die Unterlagen gestohlen hat«, sagte sie. »Der Dieb hat die Papiere, die wir für ihn bereitgelegt haben, brav mitgenommen. Und das schwarze Farbpulver, mit dem alles präpariert war, das bekommt der die nächsten Tage nicht mehr von den Händen ab.«

Jetzt konnte sich auch Ben ein grimmiges Lächeln abringen. »Dann werden wir den beiden morgen früh mal auf die Finger sehen!«

»Und jetzt brauch ich 'ne Runde Schlaf.« Flora gähnte herzhaft.

Zum Glück warteten im Schuppen schon Isomatten und Schlafsäcke auf die Kinder und als es sich alle gemütlich gemacht hatten, servierte Miranda die versprochene Mitternachtspizza.

Sie stellte ein großes Tablett mit dampfenden Mozzarella- und Salamiquadraten in die Mitte. »Mit extra viel Käse, das haben wir uns verdient!«

Ben nahm sich ein großes Stück Salamipizza. »Sag mal, Lennart, hast du eigentlich die Schatzkarte dabei?«

»Klar, warum fragst du?«

»Vielleicht hat Miranda eine Idee, was die Linien darauf bedeuten könnten.«

Lennart wischte sich die fettigen Finger an der Jeans ab, griff nach seinem Rucksack und zog den Reißverschluss der Seitentasche auf. Er fuhr mit der Hand hinein, stutzte und riss die Augen auf. Dann zerrte er sämtliche Fächer auf, schüttete den gesamten Inhalt des Rucksacks aus und wühlte sich durch Schienbeinschoner, Fußballschuhe,

Kaugummis, Tennisball, Luftpumpe, Stifte, ein Kartenspiel und einen Schraubenzieher.

Mit fassungslosem Blick ließ Lennart seinen Rucksack sinken. »Die Karte ist weg!«

»Was?!«, riefen vier Kinder gleichzeitig.

»Marvin und Ludger!«, zischte Lennart und pfefferte den Rucksack an die Wand. »Die haben uns die Karte geklaut!«

»Woher weißt du das?«, fragte Jannik.

»Jede Wette, die waren das!« Lennart schlug mit der Faust auf den Boden. »Ich hatte meinen Rucksack gestern auf der Terrasse beim Vereinsheim liegen lassen, als Ben und ich das Altpapier wegbringen mussten. Wie konnte ich nur so blöd sein!«

»Na, die können was erleben!«, knurrte Ben.

Pappsatt und mit dem Gedanken daran, dass sie Marvin morgen stellen würden, schliefen die Freunde ein.

Nach einem schnellen Frühstück machten sich die Grünen Piraten als Erstes auf den Weg zum neuen Vereinsheim. Oliver Trotzki hatte gestern verkündet, dass er den Sonntagmorgen nutzen wollte, um mit ein paar älteren Spielern den Dachboden auszuräumen. Bei dieser Gelegenheit würden sie sicher einen Blick auf seine Hände werfen können.

Die Kinder lehnten ihre Räder an den Zaun und gingen in den Vorgarten, vorbei an dem grimmig blickenden Steinlöwen. Aus dem Haus rumpelte und rumorte es lautstark.

»Hoffentlich verdonnert Oliver uns nicht wieder zum Helfen, wenn er uns sieht«, seufzte Lennart.

Ben grinste. »Wär doch gut für deine Fitness. Beim letzten Spiel warst du ein bisschen lahm.«

»Von wegen lahm!« Lennart spurtete hinter Ben her, der sich ums Haus auf die Terrasse flüchtete.

Pauline, Flora und Jannik schlenderten hinterher. Als sie um die Ecke bogen, trat gerade der Trainer aus der Glastür, die Arme voll mit alten Holzleisten und Brettern. Sofort richteten sich fünf Augenpaare auf seine Hände – oder besser gesagt auf die grauen Arbeitshandschuhe, in denen

sie steckten. Ob Trotzki die extra angezogen hatte, um die Farbflecken zu verbergen?

»Ah, das ist aber nett, dass ihr mit anpacken wollt, mit euch hab ich heute gar nicht gerechnet.« Der Trainer lud seine Last auf den Terrassensteinen ab und streckte sich. »Das Zeug könnt ihr bitte gleich mal in den Container bringen, Jungs.« Klar, dass Ben und Lennart gemeint waren.

»Was hab ich gesagt«, zischte Lennart seinem Freund zu.

Aber Ben witterte seine Chance. »Kein Problem, mach ich doch gerne.«

Trotzki drehte sich gerade um, da setzte Ben nach: »Ach, Oliver, da sind ja Nägel drin. Kannst du mir mal eben deine Handschuhe geben?«

Gespannt warteten die fünf auf seine Reaktion. Der Trainer stutzte kurz, doch dann streifte er die Arbeitshandschuhe ab und reichte sie seinem Stürmer. »Klar, Ben, nicht dass du dich noch verletzt. Wir brauchen dich auf jeden Fall beim nächsten Spiel.« Dann verschwand er im Inneren des Hauses – mit einwandfrei sauberen Händen!

»Den können wir wohl von der Liste streichen«, stellte Flora fest.

»Bleibt noch Marvin!« Bei dem Gedanken an die geklaute Schatzkarte wurde Ben sofort wieder ganz heiß vor Wut. Den würden sie sich jetzt mal vorknöpfen! Er klaubte die Bretter vom Boden und wankte mit seiner Ladung zum Container.

Danach legte er die Handschuhe auf den Terrassentisch, damit sein Trainer sie finden konnte. Er wollte ihm lieber nicht noch mal unter die Augen kommen, bestimmt hätte Oliver dann gleich weitere Aufgaben für ihn und Lennart. Und sie hatten jetzt wirklich Wichtigeres zu tun!

Die anderen warteten schon ungeduldig am Gartentor, nur Flora stand gedankenversunken vor der Regentonne und betrachtete ein kleines Stück Holz, das im Wasser schwamm.

»Kommst du, Flora?« Er zog sie mit sich. »Wir werden jetzt mal Marvin einen Besuch abstatten und unsere Schatzkarte zurückerobern.«

In diesem Moment durchzuckte es Flora. Mit leuchtenden Augen sah sie ihren Bruder an. »Das ist es, Ben. Danke für den Tipp!« Sie rannte zu den anderen hinüber und ließ ihren Bruder stehen.

»Was hab ich denn gesagt?«, rief Ben ihr verwirrt hinterher.

»Wir müssen unbedingt noch mal zu den Stadtwerken«, verkündete Flora. »Ich weiß jetzt, wie wir den Schatz finden!«

Eine halbe Stunde später stürmten Flora, Pauline und Jannik durch die Tür in die Eingangshalle der Bieberheimer Stadtwerke. Ben und Lennart hatten sich schon auf den Weg zu Marvin gemacht.

Ein junger Mann in hellblauem Hemd kam gerade die Wendeltreppe herunter. »Hallo, was sucht ihr denn? Kann ich euch helfen?«, fragte er und musterte die erhitzten Gesichter der Kinder.

»Wir wollten nur mal einen Blick auf die Fotos werfen, die da drüben hängen.« Flora deutete auf die Fotogalerie hinter der Wendeltreppe.

In diesem Moment trat Frau Drehmel aus der Toilettentür. »Oh, hallo. Ihr schon wieder? Aber diesmal habt ihr immerhin den richtigen Eingang gefunden.« Sie lachte und wandte sich dann an den jungen Mann. »Ist schon in Ordnung, Herr Hambloch, ich behalte die drei im Auge.«

Ungeduldig trat Flora vor die Bilder. Tatsächlich, da war es, sie hatte sich nicht geirrt! Sie deutete auf das alte Foto, das den Biebersee zeigte, als er vor etlichen Jahren noch als Badesee genutzt wurde. Im vorderen Strandabschnitt tummelten sich Menschen in knappen Badesachen und kleine Kinder planschten im Wasser. Flora tippte auf die Holzplattform, die in der Seemitte verankert war und auf der sich ein paar Schwimmer sonnten, die es quer durch den See geschafft hatten.

»Das ist der Punkt im See auf der Schatzkarte!«, rief Jannik. »Das ist ja krass! An der Stelle war mal eine Plattform. Wie bist du darauf gekommen, Flora?«

»Beim Vereinsheim schwamm ein Holzstück in der Regentonne und dann hat Ben von der Schatzkarte gesprochen – da blitzte plötzlich dieses Foto durch meinen Kopf.«

Pauline legte schnell den Finger an die Lippen.

»Ups, sorry«, murmelte Jannik und sah sich hastig um. Frau Drehmel stand immer noch hinter ihnen und betrachtete sie mit hochgezogenen Augenbrauen. »Ihr seid also auf Schatzsuche, ja?« Dann lächelte sie breit. »Sagt mir nur Bescheid, wenn ich euch helfen kann, ich war in meiner Kindheit auch eine begeisterte Schatzsucherin.«

Pauline sah sie nachdenklich an. »Hätten Sie vielleicht eine Karte von früher, auf der die Plattform im See eingezeichnet ist?«

Die Chefin nickte. »Bestimmt sogar. In den Biebersee läuft ja das gesäuberte Abwasser von den Stadtwerken, da haben wir auf jeden Fall Pläne von den Zuleitungen. Lasst uns mal ins Archiv gehen, ich bin sicher, da finden wir, was ihr sucht.«

Alles in den Schredder

»Soso, Marvin und Ludger wollen also noch ein Referat für Religion vorbereiten – freiwillig.« Ben verdrehte die Augen. »Die zocken doch unter Garantie.«

Lennart trat in die Pedale und grinste. »Du verstehst das nicht. Marvins Mutter glaubt eben an das Gute in ihrem Sohn.«

Ben lachte und ließ sich hinter seinem Freund die Bahnunterführung hinunterrollen.

Immerhin wussten sie nun, wo sie Marvin finden konnten, und radelten in Richtung Gewerbegebiet. Familie Blankenhagen wohnte auf dem Gelände der Firma LeWie, die Ludgers Mutter gehörte. Der vertraute Geruch von Happy Chips wehte ihnen schon bald in die Nase.

»Warum muss ich mir nur gerade Jannik in einer Badewanne voller Chips vorstellen?« Lennart stoppte vor der Snackfabrik und sah auf sein Handy. »Die Herderstraße geht da hinten links ab und am Ende müsste auch LeWie sein.«

»Wie ist unser Plan, anschleichen oder klingeln?«, fragte Ben.

»Anschleichen natürlich«, entgegnete Lennart grinsend. »Wenn Marvin die schwarze Farbe an den Fingern hat, wird der wohl kaum an die Tür kommen, um mit uns zu plaudern.«

Als die beiden in die Herderstraße abbogen, stach ihnen schon von Weitem die Aufschrift LeWie ins Auge – große weiße Buchstaben auf einer hellgrün gestrichenen Halle, die über die hohe Umzäunung hinausragte. Die Lackfabrik gegenüber versuchte das Grün mit bunten, aufeinander gestapelten Tonnen auszustechen.

Das ganze Firmengelände war mit mannshohen weißen Metallwänden eingefasst, aber das breite Schiebetor stand offen. Ben und Lennart stellten ihre Räder vor der Farbenfabrik ab und schlenderten betont unauffällig die Straße entlang, bis sie die Zufahrt zu LeWie erreichten. Dort lugten sie vorsichtig um die Ecke.

Zwei Lkw standen auf dem Hof, die ebenfalls hellgrün lackiert waren. An die rechte Seite der Halle grenzte ein breiter zweistöckiger Bau. Die Gardinen in der oberen Etage ließen darauf schließen, dass hier jemand wohnte, während die Räume im Erdgeschoss offensichtlich als Büros genutzt wurden. Der rote Pick-up von Ludgers Mutter und ein weißer Kleinwagen parkten davor.

»Und hier wohnt Ludger?«, wisperte Ben. »Sieht ja ein bisschen trostlos aus.«

Plötzlich schallte lautes Grölen über den Vorplatz.

»Volltreffer, klingt ganz nach Marvin und Ludger.« Ben zog schnell seinen Kopf zurück. »Die scheinen hinter dem Haus zu sein, vielleicht gibt es da einen Garten.«

»Wir müssen irgendwie auf die Rückseite der Halle kommen. Sieht aber so aus, als müssten wir dazu mitten übers Firmengelände laufen. Auffälliger geht's ja kaum.«

Die quietschenden Bremsen eines Lkw übertönten Lennarts Worte. Ein hellgrüner LeWie-Transporter bog in die Einfahrt und fuhr im Schritttempo an den beiden Jungs vorbei. Lennart kniff die Augen zusammen und sah abschätzend zur Halle hinüber. Dann zog er Ben kurzentschlossen am Ärmel. »Los, komm mit! Besser wird die Deckung nicht.«

Ben begriff sofort und die beiden rannten linker Hand im Schutz des langsam rollenden Lkw aufs Firmengelände. Hier versteckten sie sich zwischen den geparkten LeWie-Transportern und warteten, bis der Fahrer ausgestiegen und im Bürogebäude verschwunden war.

Sie huschten um die Ecke und fanden sich vor einem kleineren Gebäude wieder, dessen Schwingtor offen stand. Warme, feuchte Luft schlug ihnen entgegen.

Große Schläuche hingen hier von der Decke und baumelten über mehreren Reihen aufgeklappter grüner Tonnen mit weißem LeWie-Aufdruck. Auf einem Stahltisch standen weiße Kanister, darunter zwei Paar Gummistiefel. Neugierig schoben sich die beiden hinein und schlichen zwischen die Tonnen.

»Sieht fast aus wie in einer Autowaschanlage«, flüsterte Ben. »Wahrscheinlich reinigen sie hier die Tonnen, in denen die Lebensmittel gesammelt werden.«

»Duck dich«, zischte Lennart plötzlich. »Da kommt jemand.«

Eine Tür wurde aufgezogen und Schritte ertönten. Absätze klackerten auf dem gekachelten Boden. Lennart und Ben kauerten sich hinter die Tonnen und hielten die Luft an.

»Meine Güte, ist doch alles halb so wild«, sagte eine weibliche Stimme, die Lennart vage bekannt vorkam.

Dann wurde es wieder still, nur das ungeduldige Trommeln von Fingernägeln auf dem Metalltisch war zu hören. Die Frau schien zu telefonieren.

»Jetzt hör mir mal gut zu, Dario«, schnappte sie jetzt. »Das ist schließlich nicht verboten, was wir hier machen. Sagen wir mal, wir haben die zulässigen Grenzen ein wenig überstrapaziert, aber da kann uns niemand einen Strick draus drehen.«

Erneute Stille.

»Die defekte Maschine wird demnächst ersetzt, das habe ich dir doch schon gesagt.« Die Frau seufzte. »Aber du weißt ja selbst, wie teuer diese Geräte sind.« Ein Schlüsselbund klimperte. »Jaja, du kannst meinen Wagen noch mal haben, wann holst du ihn ab? ... Ok, bitte bis 19 Uhr zurückbringen, ich muss Ludgers Freund nach Hause fahren.«

Ben und Lennart sahen sich mit großen Augen an. Das musste Melanie Blankenhagen sein, Ludgers Mutter!

Die klackernden Schritte entfernten sich. Ein Summen ertönte. Das Tor schob sich zu und rastete ein. Mit einem Flackern erlosch die grelle Beleuchtung. Nur durch ein halbhohes Türfenster fiel jetzt noch Licht auf die grünen Tonnen.

»Mist!«, schimpfte Lennart leise und schob seinen Kopf langsam hoch. Frau Blankenhagen war verschwunden und das Tor verschlossen. Er blickte sich um, es gab an der Seite noch eine kleine Tür. Ob die in die große Halle nebenan führte?

»He, was hast du vor?«, rief Ben mit gedämpfter Stimme, aber Lennart winkte seinen Freund nur hinter sich her. Schon hatte er die Tür geöffnet und huschte hindurch. Hier war es spürbar kälter als in der Tonnenwaschstraße. Große stählerne Bottiche erhoben sich vor ihnen und ein verschlungenes Gewirr aus Fließbändern, dicken Rohren und stählernen Behältern zog sich durch die ganze Halle. Über allem lag ein betriebsames Wummern und Brummen. Ben sah sich nervös um, aber kein Arbeiter war zu sehen – ob die Anlage auch sonntags lief?

Vor ihnen reihten sich mehrere Dutzend grüne Tonnen auf einem Fließband aneinander. Lennart schlich darauf zu und hob eine der Klappen hoch. Mit spitzen Fingern zog er ein Packung Kochschinken heraus und wedelte damit. Ben rümpfte nur die Nase und warf einen Blick in die nächste Tonne. Sie war bis oben hin gefüllt mit verpackten Lebensmitteln aus dem Supermarkt. Auch die dritte und vierte Tonne waren mit eingepackten Lebensmitteln gefüllt. Plötzlich setzte sich das Band in Bewegung. Ben und Lennart sprangen erschrocken zur Seite. Über ihren Köpfen schwang ein Greifarm, der den ersten Behälter ergriff und in die Luft hob; er drückte die Tonne schräg gegen eine trichterförmige Öffnung und kippte den Inhalt hinein. Im gleichen Moment ertönte im Bauch des Trichters ein malmendes Geräusch.

Ben warf seinem Freund einen unsicheren Blick zu. »Lebensmittelwiederverwertung hatte ich mir irgendwie anders vorgestellt. Was passiert denn mit dem Zeug dadrin? Wird das geschreddert?«

Lennart nickte. »Das wird dann der Treibstoff für die Biogasanlage. Schon merkwürdig, dass der ganze Kram mitsamt Plastikfolie in einen Pott gekippt wird. Ich dachte, das würde vorher noch jemand auspacken.« Ein durchdringender Ton schrillte plötzlich über ihren Köpfen und der Greifarm erstarrte.

»Lass uns abhauen«, zischte Ben und deutete auf eine schmale Tür vor ihm, über der ein Notausgangsschild leuchtete.

Hinter der Halle herrschte ein ziemliches Chaos. Unter einem Vordach stapelten sich Paletten zwischen umgekippten Tonnen, Eimern, Autoreifen und verrosteten Maschinenteilen.

Auch hier zog sich linker Hand die metallene weiße Wand vor einer dichten Reihe hochgewachsener Pappeln entlang. Ben wandte sich nach rechts und spähte zwischen den Paletten hindurch. »Da sitzt der Schweinehund!« Er zupfte Lennart am Ärmel und deutete auf die Terrasse hinter dem Bürogebäude mit der Wohnetage.

Breite Pflanzkübel mit buschigen Sträuchern umsäumten eine großflächige Holzterrasse, die auf dem Asphalt seltsam deplatziert wirkte. Marvin und Ludger hatten es sich auf bunten Sitzsäcken gemütlich gemacht und tippten auf ihren Handys herum.

Ben und Lennart nickten sich zu und schlichen an den Paletten vorbei näher heran. Gleich würden sie den Dieb von Mirandas Unterlagen stellen! Nur noch ein paar Meter ...

Zwischen Hauswand und Pflanzkübel spähten die Jungs auf die Terrasse. Marvin und Ludger drehten ihnen den Rücken zu, völlig vertieft in ihre Smartphones. Leider waren Marvins Hände aus dieser Position nicht zu sehen. Dafür entdeckte Ben etwas anderes! Er stupste seinen Freund mit dem Ellenbogen an und deutete auf Marvins Hintern.

Der Junge fläzte sich in Bauchlage auf dem wabbeligen

orangen Luftpolster und aus seiner Hosentasche ragte ein gelbes Stück Papier – die Schatzkarte!

»Ich wusste es!«, zischte Lennart wütend.

Ben gab ihm ein Zeichen, erhob sich langsam und machte einen Schritt auf die Terrasse. Vorsichtig griff er nach dem Zettel und zog ihn Stück für Stück heraus.

In dem Moment, als er sich zurücklehnte, klingelte Lennarts Handy. Ben stoppte mitten in der Bewegung und starrte seinen Freund verblüfft an.

Ludger und Marvin rollten vor Schreck von ihren Sitzsäcken.

»Das glaub ich jetzt nicht!«, rief Ludger und rappelte sich auf. Er stemmte die Fäuste in die Seiten. »Was wollt ihr denn hier?!«

»Äh, wir wollten euch bei eurem Referat ein bisschen unter die Arme greifen.« Ben verzog das Gesicht zu einem schiefen Grinsen und versuchte hastig, die Schatzkarte hinter seinem Rücken verschwinden zu lassen. Lennart sprang auf und stellte sich mit verschränkten Armen neben seinen Freund.

»Hä?«, machte Ludger verständnislos. »He, Marv, guck dir die beiden Spackos an, heute spielen sie Detektiv, oder was?« Er brach in ein meckerndes Lachen aus.

Marvin schob sich behäbig neben seinen Kumpel, die Hände in die Taschen seiner Jeans geschoben.

Ben warf Lennart einen schnellen Blick zu, dann kramte er in seiner Hosentasche. »Hier fang!« Er warf dem Sohn des Bürgermeisters einen Kaugummi zu.

Reflexartig zog Marvin seine Hände hervor und griff nach dem Päckchen. Ben und Lennart starrten auf seine Finger – kein Fitzelchen schwarze Farbe war zu sehen! Aber wie konnte das sein? Weder Oliver noch Marvin ...?!

Ein hämisches Grinsen breitete sich auf Marvins Gesicht aus. »Ich weiß, was die hier wollen«, sagte er zu Ludger. »Guck mal, was ich hier habe ...« Er tastete nach seiner Gesäßtasche und machte dann ein verblüfftes Gesicht.

»Suchst du die hier?« Ben wedelte mit der Schatzkarte. Als Marvin danach schnappen wollte, sprang er von der Terrasse. »Die gehört uns!«

Feixend klatschten sich Ben und Lennart ab und rannten los.

»Da habt ihr jetzt nicht viel gewonnen«, brüllte Marvin ihnen hinterher und winkte mit seinem Handy. »Den alten Lappen brauch ich nicht mehr, das hab ich längst fotografiert und ich weiß sogar ganz genau, wo ich suchen muss!«

Der Seelöwe

Jannik, Pauline und Flora saßen im Hauptquartier und warteten ungeduldig darauf, dass Ben und Lennart zurückkamen. Endlich wurde die Wohnwagentür aufgerissen.

»Tatatataaa!«, trällerte Lennart und streckte den Arm mit der erbeuteten Schatzkarte in die Höhe. »Wir haben sie!«

Grinsend drängte sich Ben hinter seinem Freund herein. »Ihr hättet Marvins blödes Gesicht sehen sollen. Das war der Hammer!«

»Und seine Hände? Schön schwarz?« Jannik sah die beiden erwartungsvoll an.

Ben und Lennart schüttelten gleichzeitig den Kopf.

»Nicht? Wie ... was ... «, stammelte Pauline. »Wer war denn dann gestern Nacht auf dem Boot?«

Lennart zuckte mit den Achseln. »Keine Ahnung, Marvin und Oliver auf jeden Fall nicht.«

Pauline schluckte, nahm ihm die Karte aus der Hand und breitete sie auf dem Klapptisch aus. »Immerhin haben wir jetzt die Maße zu unserem mysteriösen Punkt in der Seemitte.« Sie legte die Kopie, die Frau Drehmel ihnen gemacht hatte, neben den Schatzplan und deutete auf den Punkt im Biebersee. »An dieser Stelle war früher ein Schwimmponton befestigt.«

Lennart warf sich auf die Kissen, die auf der Liegefläche ausgebreitet waren. »Dann lasst uns das Ding am besten heute noch heben. Marvin hat die Karte nämlich abfotografiert.«

»Ach, der findet doch im Leben nicht die richtige Stelle«, winkte Pauline ab. »Wenn Flora nicht diese geniale Eingebung gehabt hätte, wären wir doch auch nie darauf gekommen.«

»Er hat aber damit geprahlt, dass er genau wüsste, wo er suchen muss. Vielleicht konnte sein Vater sich noch an die Plattform erinnern?« Lennart streckte beide Beine von sich.

»Wir dürfen nicht riskieren, dass Marvin und Ludger uns zuvorkommen. Stellt euch mal vor, am Ende hat der noch so viel Geld, dass er seine Natur-Tour-pur wahr macht. Dann ist Schluss mit brütenden Vögeln am Biebersee.« Jannik sah seine Freunde eindringlich an.

»Das seh ich genauso«, ließ Ben sich vernehmen, der sich neben Lennart auf die Liegefläche gefläzt hatte. »Aber ich hab immer noch keine Ahnung, woher wir wissen, wo der Schatz liegt.«

»Ganz einfach, ich hab jetzt alle Maße, die ich brauche.« Pauline betrachtete die Karte eingehend. »Geodreieck, bitte.«

Die Grünen Piraten beobachteten gespannt, wie Pauline alle Linien von der einen Karte auf die andere übertrug. Dann machte sie ein Foto mit dem Handy und rechnete wild herum.

In der Zwischenzeit berichteten Ben und Lennart von ihrem Undercover-Einsatz in den LeWie-Hallen.

»Die schütten die Lebensmittel aus dem MegaMeier mitsamt Verpackung in den Schredder?«, fragte Flora entsetzt. »Die Plastikteilchen kann dann doch keiner mehr da rausholen?!«

»Jetzt wissen wir zumindest, wo diese Schnipsel ursprünglich herkommen«, sagte Jannik. »Aber immer noch nicht, wieso sie im See gelandet sind.«

»Das muss doch etwas mit dem Typen zu tun haben, den ihr verfolgt habt.« Ben setzte sich auf. »Der hatte doch einen Sack voll mit diesen Dingern dabei.«

»Aber wie sollen die Schnipsel denn aus dem Brei mit den Lebensmitteln herausgekommen sein? In der Tüte waren ja nur die Schnipsel und kein vergammelter Käse«, gab Lennart zu bedenken.

»Ich hab's«, verkündete Pauline mit leuchtenden Augen.

»Wie die Schnipsel in den See gekommen sind?«, fragte Flora überrascht.

»Nein, ich weiß die Koordinaten, an denen unser Schatz liegt. Jetzt muss Lennart die nur noch in seine Geocaching-App eingeben und dann können wir loslegen.«

»Du bist einfach genial!« Ben sprang auf. »Wir brauchen unsere Tauchausrüstung.«

»Und ein Seil und ein Maßband.«

»Und Mirandas Schlauchboot.«

»Eine Schaufel.«

»Lennarts Unterwasserlampe.«

»Eimer.«

»Etwas zu essen.«

Alle drehten sich zu Jannik um.

»Schatzsuchen macht unter Garantie megahungrig«, sagte der entschuldigend und zuckte mit den Schultern.

Der Gedanke an den Schatz beflügelte die fünf. Hektisch packten sie alles zusammen und machten sich auf den Weg zu Miranda, um dort ins Schlauchboot umzusteigen.

»Biebersee in Sicht«, rief Flora, die im Bug des Bootes saß, als die Flusseinmündung in Sicht kam. Als die fünf Freunde bei Miranda angekommen waren, hatte das orange Schlauchboot mit dem kleinen Heckmotor schon abfahrbereit am Steg auf sie gewartet. Schnell hatten sie sich umgezogen, Schaufel und Eimer umgeladen, waren in die Schwimmwesten gestiegen und losgedüst. Aus der Hafenzufahrt hinaus auf die Wasel und dann ein Stück oberhalb des alten Hafens in die Einmündung des Elsbachs. Jetzt tuckerten sie über den See.

Lennart hatte sein Handy in eine wasserdichte Plastikhülle gepackt und gab die Richtung vor. »Etwas mehr rechts, Pauli«, dirigierte er seine Freundin, die am Motorblock saß und lenkte. »Ja, gut so, jetzt einfach geradeaus.«

Nach fünf Minuten Fahrt hatten sie die Seemitte schon überfahren. »Etwas langsamer, links, wieder rechts, ein Stückchen noch ... Stopp!«

Ben ließ den Eimer, den sie mit Steinen gefüllt hatten, an einem Seil ins Wasser plumpsen. Gut verschnürt diente er ihnen als provisorischer Anker.

»Genau hier muss es sein«, verkündete Lennart aufgeregt und rieb sich die Hände. Ein leichter Wind war aufgekommen und die Luft merklich abgekühlt.

Jannik warf einen prüfenden Blick in den Himmel, aber die aufziehenden Wolken sahen harmlos aus. Bis zur Dämmerung blieb ihnen noch genügend Zeit.

»Also los, lasst uns das Ding heben!«, rief Ben. Er zog Sweatshirtjacke und Schwimmweste aus und schwang die Beine über den wulstigen Schlauchbootrand. Vorsichtig glitt er ins Wasser, um den Schlamm nicht aufzuwirbeln.

»Ich bin so gespannt, ob da unten wirklich noch was liegt.« Flora machte sich bereit zum Tauchgang.

»Oder ob Pauli sich verrechnet hat«, feixte Lennart.

»Hab ich nicht«, sagte Pauline hoheitsvoll, steckte sich den Schnorchel in den Mund und verschwand in den Wellen.

Lennart sprang als Letzter über Bord. Jannik hatte sich großzügigerweise bereit erklärt im Boot zu bleiben, sodass er seinem Bruder jetzt die Unterwassertaschenlampe angeben konnte.

Der Lichtkegel durchschnitt das dunkelgrüne Seewasser und beleuchtete Tausende von Schwebeteilchen und lange, hin und her wogende Algenblätter. Aber die Kinder hatten nur Augen für den Seeboden. Sie scannten jeden Zentimeter ab und suchten nach einem Anhaltspunkt, der den Standort des Schatzes verraten könnte. Ein Stein vielleicht, eine Stange oder ein Wrackteil. Aber es gab hier nichts außer Müll,

Algen, Schlamm und ein paar kleinen Fischen, die schnell an ihnen vorbeiflitzten.

Nach einer Stunde kletterten die Piraten völlig durchgefroren wieder an Bord, um sich aufzuwärmen.

»Wie gut, dass wenigstens ich an unsere Verpflegung gedacht habe«, grinste Jannik, während er Brote und Schokolade austeilte.

»Vielleicht stimmen die Koordinaten doch nicht?«, murrte Ben mit klappernden Zähnen.

Flora machte sich hungrig über ihre Käsestulle her. »Oder jemand anders hat den Schatz schon gefunden.«

Die Sonne sank langsam dem Horizont entgegen, aber noch reichten ihre Strahlen, um die Kinder wieder ein wenig aufzuwärmen.

»Einen Versuch starten wir noch«, entschied Pauline. »Wenn wir in einer halben Stunde nichts gefunden haben, kehren wir um.«

Nicht mehr ganz so enthusiastisch ließen sich die Freunde zurück in den See gleiten. Jannik sah ihnen dabei zu, wie sie immer wieder unter Wasser verschwanden und nach dem Auftauchen einen Wasserstoß aus den Schnorcheln pusteten, wie kleine Wale. Sein Blick glitt über das gegenüberliegende Ufer, die Grillhütte bis zum Steg. Ihm war, als hätte er dort einen Schatten huschen sehen. Doch so sehr er sich auch bemühte, er konnte im Dämmer der Bäume nichts erkennen. Aber etwas anderes fiel ihm auf und das gefiel ihm gar nicht. Der wulstige Rand des Schlauchbootes war ziemlich wabbelig geworden. Jannik kniff in die orange Haut. Eindeutig, das Schlauchboot verlor Luft! Sie mussten sofort zurück.

Er wollte gerade Pauline Bescheid sagen, dass sie wieder an Bord kommen sollten, da schoss Ben brüllend aus dem Wasser.

»Yeah! Ich hab ihn gefunden!« Seine Wangen glühten vor Begeisterung. »Hier unten liegt ein Löwe, genau so einer wie der bei Krings am Gartentor.«

Keine drei Meter entfernt vom Schlauchboot tauchte Ben wieder unter Wasser. Flora, Lennart und Pauline waren sofort bei ihm. Luftholen und los.

Der Lichtstrahl strich über den grünen Algenteppich, und nur wenn man ganz genau hinsah, konnte man sehen, dass sich darunter etwas verbarg. Ben wischte die Blätter zur Seite und jetzt erkannten auch die anderen den steinernen Löwen, dessen Kollege nach wie vor Krings' Gartentor bewachte.

Die Kinder tauchten auf und jubelten. Das musste die richtige Stelle sein!

Die Kälte war vergessen. Jannik dachte nicht mehr daran, dass das Schlauchboot im Begriff war zu sinken. Alle Gedanken galten nur noch dem Schatz! Aufgeregt ließ Ben sich von Jannik die Schaufel anreichen und dann machten sie sich an die Arbeit. Es war gar nicht so einfach, unter Wasser den steinernen Löwen beiseite zu rücken und den Seeboden darunter freizubuddeln. Immer wieder mussten die Kinder Luft holen und sich beim Graben abwechseln, doch schließlich wuchteten Ben und Pauline ein dickes, in Plastik verpacktes Paket ins Schlauchboot.

»Mach schon auf«, keuchte Ben.

Jannik zerrte die Plastikhülle zur Seite und darunter erschien eine Metallkassette, die dunkelgrau angelaufen war. Aufgeregt fummelte er den Verschluss auf und hielt kurz inne, bevor er den Deckel mit einem Ruck anhob.

Der Wahnsinn! Sie hatten es bis zuletzt nicht wirklich geglaubt, aber hier war wirklich und wahrhaftig ein echter Schatz: Münzen, goldene Ketten, Ringe, eine goldene Schale mit einem Rand aus grünen Edelsteinen. Vorsichtig nahm Jannik einen goldenen Kelch heraus, der mit roten Juwelen besetzt war.

Die Freunde waren sprachlos. Nur Paulines Zähne klapperten aufeinander.

»Ihr solltet mal an Bord kommen«, sagte Jannik. »Bevor ihr im Wasser erfriert.«

Als Ben sich ins Schlauchboot hievte, drückte der Rand sich tief nach unten. »Was ist denn mit dem Boot los?«

Erschrocken blickte Jannik auf den verschrumpelten Wulst – das hatte er vor lauter Goldrausch ganz vergessen. »Wir müssen zum Ufer zurück«, sagte er hektisch. »Das Boot verliert Luft.«

Als alle Kinder an Bord waren, lag das Schlauchboot bedenklich tief im Wasser. Es würde nicht mehr lange dauern, bis das Wasser über den Rand schwappte.

»Hoffentlich schaffen wir es noch bis zum Steg!« Pauline warf den Motor an.

Ängstlich beobachtete Jannik, wie das Boot immer tiefer sank. Das erste Rinnsal lief über den Rand. Lennart und Ben sprangen ins Wasser und das Boot bekam wieder etwas Auftrieb. Endlich legten sie am Holzsteg an und Jannik kraxelte an Land.

»Das war knapp!«, stöhnte er.

Pauline und Flora hievten die Kassette aus dem Boot und klappten den Deckel hoch, um ihren Fang noch einmal zu bewundern.

»Das ist wirklich nett, dass ihr den Schatz für mich geborgen habt«, sagte eine heisere Stimme hinter ihnen.

Auf der Flucht

Die Kinder erstarrten. Diese Stimme klang weder nach Marvin noch nach Ludger.

»Verdammt, wer ist das?!«, zischte Lennart und starrte auf die dunkle Gestalt am Ufer. »Woher weiß der von dem Schatz?«

Ben sah sich hektisch um. Hier auf dem Steg, mit einem kaputten Schlauchboot als einziger Fluchtmöglichkeit, hockten sie in der Falle!

Der Mann schritt langsam über den Steg auf sie zu. Er war ganz in Schwarz gekleidet, die Kapuze tief ins Gesicht gezogen, sogar die Handschuhe waren schwarz.

KLONG! Vor Schreck war Pauline der goldene Trinkbecher aus der Hand gefallen, den sie gerade aus der Kassette genommen hatte. Schnell bückte sie sich, damit das kostbare Stück nicht in den See rollte.

»Alles einpacken«, knurrte der Typ und warf den Kindern einen grauen Sack vor die Füße.

Keiner bewegte sich, als wären alle in einer Art Schockstarre gefangen.

»Ich denk überhaupt nicht dran!«, rief Flora plötzlich laut und stampfte mit dem Fuß auf. »*Wir* haben die Sachen gefunden! Wer sind Sie überhaupt?!«

Ben warf seiner kleinen Schwester einen erstaunten Blick zu.

Der Mann kam drohend näher. »Wer ich bin? Das tut nichts zur Sache. Aber der Schatz gehört mir und das schon sehr lange Zeit. Also los jetzt, rein da mit dem Zeug, oder muss ich euch erst meine Waffe unter die Nase halten?!« Er machte einen Schritt auf die Kinder zu.

Jannik zuckte zurück, sodass Fiona vor Schreck aus seinem Ärmel hopste und dem Mann über die Füße lief. Der kreischte auf, stolperte und ruderte hilflos mit den Armen, als er seitlich ins Wasser kippte und sich in der platten Hülle des Schlauchbootes verhedderte.

Ben, Pauline, Flora und Lennart stopften sich in Windeseile die goldenen Becher und Kelche, den Schmuck und die Münzen in sämtliche Taschen und Rucksäcke, während Jannik verzweifelt nach Fiona rief. Im letzten Moment entdeckte er die kleine Ratte, die sich am Ufer unter dem Steg versteckt hatte. Ben zerrte ihn mit sich und beide jagten den anderen nach, die schon vorgeprescht waren.

»Wir müssen zusammenbleiben!«, japste Jannik. »Der Typ ist bewaffnet, nicht auszudenken, wenn der einen von uns erwischt!«

Hinter ihnen platschte es im Wasser und dann polterten Schritte über den Steg.

»Er kommt!«, rief Flora panisch.

Die fünf hetzten über den schmalen Pfad am Ufer entlang bis zur Grillhütte und hasteten dann über den Weg, der dahinter in den Wald führte. Äste peitschten ihnen ins Gesicht, Jannik blieb an einer dornigen Ranke hängen und schrie auf.

»Los weiter!«, trieb Pauline die anderen an. »Nicht stehen bleiben!«

Nach ein paar Biegungen bremsten Lennart und Ben abrupt ab, als sie plötzlich von dem hohen, mit Stacheldraht bewehrten Zaun der Stadtwerke gestoppt wurden.

Düster und verlassen lag das Gelände der Kläranlage vor ihnen. Inzwischen war die Sonne untergegangen und aus den Wasserbecken stiegen wabernde Nebelschwaden empor. Die großen Türme wirkten im Dunkeln wie bedrohliche Riesen. Vereinzelte Laternen tauchten das Areal in ein bizarres Licht.

Lennart griff in den Maschendraht und rüttelte daran. »Wieso geht das hier nicht weiter, verdammt?!«

»Doch, es geht weiter, mir nach!« Keuchend schob sich Pauline rechts an ihm vorbei und übernahm die Führung. Sie rannte über den schmalen Grünstreifen neben dem Zaun und betete, dass die Tür auch diesmal nicht verschlossen war, auch wenn sie selbst kaum daran glaubte. Schon hatte sie die Hand auf der Klinke – KLACK. Die Tür sprang auf!

»Yes!«, zischte Pauline, ließ die anderen herein und schloss die Tür leise.

Die fünf rannten an dem großen Wasserbecken vorbei und hechteten hinter das angrenzende Gebäude. Der Betrieb schien auch nachts weiterzulaufen, denn das gleiche Brummen wie schon tags zuvor hing über den Becken und hallte geisterhaft zwischen den Türmen.

Jannik stützte sich hechelnd auf seinen Oberschenkeln ab. »Ich ... kann nicht mehr ... hab ... Seitenstiche ...«

»Stell dich grade hin und versuch ruhiger und tief zu atmen«, befahl Pauline. »Wir können nicht sicher sein, dass wir den Typen abgehängt haben.«

»So schnell wird der bestimmt nicht aufgeben.« Ben spähte vorsichtig um die Ecke. »Der will seinen Schatz haben.«

Das Klacken des Türschlosses im Maschendrahtzaun verschaffte ihnen zumindest in diesem Punkt Klarheit. Der Mann war ihnen dicht auf den Fersen!

»Wir müssen weiter! Sofort!« Pauline deutete auf die Türme gegenüber, die hoch in den Nachthimmel ragten.

Geduckt liefen die Kinder über die schmale Werksstraße und pressten sich hinter den nächstgelegenen Turm. Ein leicht fauliger Geruch wehte ihnen um die Nase.

»Da hinten bei den blauen Eiern wird's noch schlimmer«, flüsterte Flora, als sie sah, wie ihr Bruder das Gesicht verzog.

»Wir müssen Miranda anrufen, wir könnten Hilfe ge–«

»Keine Zeit!«, fiel Pauline Jannik ins Wort. »Wir haben kaum Vorsprung. Wir müssen es da rüber schaffen.« Sie deutete über ein dampfendes, längliches Wasserbecken hinweg auf ein Gebäude mit drei großen, offenen Toren, das an eine Feuerwache erinnerte. Nur standen hier Container anstelle der Einsatzfahrzeuge.

Jannik nickte hastig. »Das muss das Rechengebäude sein, darin können wir uns vielleicht verstecken!«

»Alle zusammen, bei drei«, flüsterte Lennart und hob die Hand.

Ein Scharren ließ die Kinder zusammenzucken.

»Drei!«, zischte Ben und hechtete hinter den nächsten Turm. Die anderen folgten ihm wie ein Schatten. Aber auch dem Schatten folgte noch jemand und schlich sich an den Turm heran.

Plötzlich klingelte gedämpft ein Handy.

Entsetzt sahen sich die fünf an, aber der Klingelton gehörte zu keinem von ihnen. Der Mann vom See musste ganz in ihrer Nähe sein! Sie rannten sofort weiter und warfen sich hinter den letzten Betonturm, der sie noch von der Rechenanlage trennte. Jannik rauschte das Blut in den Ohren, mit fahrigen Fingern tastete er in seiner Pullitasche nach Fiona. Zwei spitze Zähnchen pikten ihn in den Daumen. »Autsch«, machte er verblüfft. »Fiona hat mich gebissen!«

»Ihr scheint die ganze Panik genauso wenig zu gefallen wie mir«, knurrte Lennart leise.

Pauline zog Ben am Ärmel. »Los jetzt, alle Mann da rüber!«

Die Grünen Piraten verließen ihre Deckung und rannten über einen schmalen stählernen Steg durch die Nebelschwaden auf die andere Seite des länglichen Wasserbeckens. Im Schutz der dampfenden Schlieren liefen sie in die nur notdürftig beleuchtete Rechenanlage, wo die Abwässer vom groben Müll getrennt wurden. Große Rechen durchpflügten das Wasser wie eiserne Kämme und hoben den gröbsten Dreck heraus.

»Sorry, Leute«, stöhnte Ben und hielt sich die Nase zu, »aber hier halte ich es nicht lange aus.«

»Ok, Plan B.« Schnell schob ihn Pauline an einem Container vorbei in die kühle Nachtluft. Wo war ihr Verfolger geblieben? Vermutlich würde er sich nicht lange von irgendwelchen Telefonaten aufhalten lassen. Sie mussten weiter!

Pauline gab den anderen ein Zeichen ihr zu folgen. Die fünf schlichen aus der müffelnden Anlage heraus und rannten über die Straße, sie mussten versuchen zum Bürogebäude zu gelangen. Vielleicht konnten sie von dort aus Hilfe rufen.

Jetzt hörten sie den Mann über den Steg des Wasserbeckens poltern! Die Kinder stürzten hinüber zum nächsten Gebäude, rissen die Stahltür auf und standen komplett im Dunkeln, bis Lennart seine Unterwasserlampe einschaltete. Der kleine Lichtkegel flog zuckend durch den Raum, er war fast doppelt so groß wie ein Klassenzimmer, der Boden komplett mit Stahlgittern bedeckt. Panisch sahen sie sich um, aber außer ein paar breiten Rohren gab es hier keine Möglichkeit, sich zu verstecken. Verzweifelt zerrte Lennart an einem Bodenelement und tatsächlich gab es nach. Mit Bens Hilfe stemmte er das Gitter hoch. Verblüfft starrten die Kinder hinunter – der Schein von Lennarts Lampe fiel auf eine nass-glänzende sandige Masse, die von einer Schicht aus bunten und durchsichtigen Plastikschnipseln durchsetzt war. In diesem Moment stürzte ihr Verfolger herein.

»Hier kommt ihr nicht mehr raus!« Wütend funkelte der Mann sie unter der Kapuze her an. »Ich hab die Schnauze voll von euren Spielchen. Her mit der Beute!«

Reflexartig richtete Lennart seine Lampe auf den Mann, der geblendet die Augen zusammenkniff.

Das Gesicht unter der Kapuze kam Jannik sehr bekannt vor – das war doch der Kollege von Kerstin Drehmel! Ein Angestellter der Stadtwerke!

»Ich will euch echt nichts tun«, sagte der Mann mit heiserer Stimme. »Aber die Sachen, die ihr aus dem See geholt habt, die sind von meinem Vater und jetzt gehören sie mir!«

»Also, ich glaube eher, dass die Schmuckstücke dem Museum gehören«, sagte Ben, seine verschwitzten Hände krallten sich um das Bodengitter.

»Hambloch!«, rief Lennart plötzlich und der Mann zuckte zusammen. »Sie sind der Sohn von Fritz Hambloch, der mit Toni Krings zusammen im Museum gearbeitet hat.«

»Ihr Vater und Krings haben die Sachen gestohlen«, rief Flora erbost.

Hambloch schnaubte wütend. »Wenn ihr mir nicht den Pokal weggeschnappt hättet, dann hätte ich die Juwelen schon längst geborgen und würde in der Karibik in der Sonne liegen. Sämtliche Pokale hab ich aus dem Haus geholt und dann hält Klotzmeier ausgerechnet den, den ich gesucht habe, mit dem Preisgeld in die Höhe. Ich hab gedacht, ich spinne!«

»*Sie* sind also bei Krings eingebrochen«, stellte Ben fest. »Woher wussten Sie denn, dass die Schatzkarte in einem Pokal versteckt ist?«

»Nach seinem Tod habe ich einen Brief vom Notar erhalten und – Blödsinn, das geht euch überhaupt nichts an!«

»Sie haben in der Stadthalle neben uns gesessen.« Pauline erinnerte sich jetzt an die drei Mitarbeiter der Stadtwerke.

»Ich Idiot dachte, dass die Schatzkarte noch in dem Pokal steckt!« Der Mann verzog das Gesicht. »Und mach hier auch noch alle verrückt, damit die Stadtwerke den ersten Preis gewinnen und ich an den Pokal komme.«

»Und dann haben Sie gehört, dass Miranda den ersten Platz schon so gut wie sicher hat«, reimte sich Pauline den Rest zusammen, »und haben ihre Unterlagen gestohlen.«

»Ja, genau«, knurrte der Mann. »Dieses schwarze Zeug geht gar nicht mehr ab von den Händen, ich kann nur noch mit Handschuhen rumlaufen. Und dann kamen mir auch noch diese blöden Plastikschnipsel in die Quere.«

Der faulige Geruch, das Telefongespräch, das Frau Blankenhagen geführt hatte, die Lebensmittel, die mitsamt Verpackung geschreddert wurden, das alles wirbelte durch Janniks Kopf. »*Sie* sind schuld, dass der ganze Biebersee mit diesen Plastikschnipseln voll ist«, rief er empört. »Die Stadtwerke haben das Zeug von LeWie gekauft, in die Faultürme gefüllt und die Kläranlage hat es nicht geschafft, die Schnipsel aus dem Wasser zu filtern, sie wurden einfach mit dem Abwasser in den See geleitet.« Er deutete anklagend in den Sandfilter unter ihren Füßen. »Hier ist ja noch alles voll davon.«

»Das hat Frau Blankenhagen verbockt.« Der Mann hob abwehrend die Hände. »Die Zentrifuge, mit der LeWie normalerweise die Plastikteile vom Biomüll trennt, ist kaputt. Hat sie aber schön für sich behalten, erst als ich am See war und die Schnipsel entdeckt habe, war mir klar, dass etwas mit dem LeWie-Zeug nicht stimmt.«

»Was haben Sie denn hinter der Grillhütte gemacht?«, fragte Pauline schnell, die spürte, dass Hambloch ungeduldig wurde.

»Ich wollte die Schnipsel einsammeln, damit es nicht auffällt. Sonst hätten wir von den Stadtwerken doch eine riesige Reinigungsaktion im See veranstalten müssen und dabei wäre nachher noch mein Schatz entdeckt worden, das konnte ich nicht riskieren.«

»Und an die armen Tiere, die das Zeug in der Zwischenzeit fressen, haben Sie wohl gar nicht gedacht!«, zischte Jannik.

Der Mann zerrte sich die Kapuze vom Kopf, seine Wangen glühten. »Warum erzähl ich euch das alles überhaupt? Los, ihr gebt mir jetzt den Schmuck und eure Handys, dann passiert euch auch nichts. Und wenn man euch morgen früh hier findet, sitze ich schon im Flieger.« Drohend ging Hambloch auf die Kinder zu.

Lennart und Ben hatten gleichzeitig dieselbe Idee und schubsten ihm das Gitter, das sie immer noch festhielten, mit voller Wucht entgegen. Überrascht versuchte der Mann, das Teil abzufangen, verlor dabei das Gleichgewicht und stolperte in das sandige Nass hinein. Im Fallen klammerte er sich an ein Rohr und versuchte sich daran hochzuziehen.

»Schnell raus hier!«, kommandierte Lennart und leuchtete den anderen den Weg nach draußen. Sie schmissen die Stahltür zu und Lennart, Jannik und Flora stemmten sich dagegen, während Pauline und Ben eine alte Europalette heranzogen, die sie unter die Klinke klemmten. Hambloch saß fest!

Aktion Seereinigung

Erschöpft ließ Pauline sich auf die große Picknickdecke neben Miranda und Lennart fallen und füllte sich einen Teller mit Nudelsalat. »Drei Stunden Arbeit und ich habe erst einen halben Eimer voll von diesen blöden Schnipseln!«, schimpfte sie.

Auch Ben, Flora und Jannik stellten ihre Eimer ab und machten sich über den Salat her.

»Hey, schönes Foto von euch in der Zeitung«, rief Oliver Trotzki zu ihnen herüber und streckte den Daumen nach oben. Dann beugte er sich wieder ins Schilf, um die bunten Schnipsel zwischen den Halmen aufzusammeln.

Ganz Bieberheim war auf den Beinen, alle wollten sich an der großen Säuberungsaktion beteiligen, zu der die Stadtwerke aufgerufen hatten. Auch die Eltern der Grünen Piraten knieten in der Uferböschung und taten ihr Bestes, um die Plastikteile aus dem Wasser zu fischen. Klotzmeier lief wichtig herum und erzählte jedem, wie sehr ihm Bieberheims Natur am Herzen läge und wie stolz er auf die tatkräftige Mitarbeit seiner Bürger und Bürgerinnen sei.

Und besonders froh wäre er, dass die Stadtwerke sofort Alarm geschlagen hätten, als aufgefallen war, dass große Mengen Plastik in den Biebersee eingeleitet worden waren.

Frau Blankenhagen von der Firma LeWie hatte in einem Interview gesagt, dass sie völlig erschüttert war, als sie von dem Umweltskandal erfahren hatte. Ein technischer Defekt wäre schuld, dass die geschredderten Verpackungsteile nicht vom Biomüll getrennt worden waren. Zum Glück hätte Dario Hambloch dies in der Sandfilteranlage entdeckt.

Pauline schnaubte wütend, als sie an den Artikel dachte. »Wenn wir gewusst hätten, dass Dario Hambloch und die Blankenhagen ohne Strafe davonkommen, hätten wir uns doch besser als Zeugen zur Verfügung gestellt. Wir wissen ja, dass sie versucht haben, die ganze Sache zu vertuschen.«

Nachdem sie die Tür zur Sandfilteranlage verkeilt hatten, waren sie bei Felix Mattes vorbeigefahren und hatten dem Journalisten eine Nachricht über den Skandal mit den Plastikschnipseln zukommen lassen – natürlich unterschrieben mit dem grünen Totenkopf.

Ben verzog das Gesicht. »Das konnte ja keiner ahnen, dass es erlaubt ist, die Lebensmittel mitsamt Plastikverpackung zu schreddern. Echt unglaublich!«

Jannik nickte bitter. *Das* war der eigentliche Skandal an der Sache. Diese Plastikschnipsel landeten tagtäglich in Flüssen, Seen, im Meer und als Dünger auf dem Acker – und das war völlig legal. Ein gewisser Plastikanteil war im Biomüll erlaubt. Im Biebersee war es nur aufgefallen, da durch die defekte LeWie-Zentrifuge der Anteil der Plastikbeimischung sehr viel höher als erlaubt gewesen war.

Miranda öffnete die Schachtel mit ihren selbst gemachten Chips und schob sie zu Jannik herüber.

Jannik strahlte. »Super, Miranda. Ich leide echt schon unter Chipsentzug, aber die kann man ja gar nicht ohne Plastikverpackung kaufen und wir haben geschworen, einen Monat komplett auf Plastik zu verzichten!«

»Und das ist gar nicht so einfach«, stöhnte Ben und nahm sich noch etwas vom Nudelsalat. »Aber ich hab Glück, zumindest meine Kaugummis gibt‘s auch in Pappschachteln.«

»Ich fürchte, da hast du dich zu früh gefreut.« Miranda griff nach einer Gabel. »Das Problem bei Kaugummi ist nicht in erster Linie die Verpackung, sondern vielmehr der Inhalt. Der Kaugummi selbst besteht größtenteils aus Kunststoff.«

»Was?« Die vollbeladene Gabel stoppte kurz vor Bens Mund. »Wirklich? Das wusste ich überhaupt nicht.«

»Deswegen verrotten sie auch kaum. Du könntest genauso gut auf einem Gummihandschuh herumkauen.«

Flora verzog das Gesicht. »Das ist ja fies, dann solltest du die Dinger aber nicht mehr kaufen!«

Ben seufzte tief, konnte aber nichts sagen, da er sich gerade eine Portion Nudelsalat in den Mund geschoben hatte.

Pauline winkte ihrer Mutter, die angeekelt eine dreckige Plastiktüte betrachtete, die sie aus dem See gefischt hatte, und wandte sich dann an Miranda. »Sag mal, hast du eigentlich das Seewasser untersucht?«

»Aber sicher. Ihr werdet euch nicht allzu sehr wundern, dass es einen ziemlich hohen Anteil an Mikroplastik enthält, oder?« Miranda seufzte und griff in die Chipsschachtel.

»Das war eigentlich klar«, sagte Pauline bitter. »Wenn die Kläranlage schon nicht in der Lage ist, die Kunststoffschnipsel herauszufiltern, dann kann das beim Mikroplastik ja erst recht nicht funktionieren.«

»Mama hat versprochen kein Duschgel mit Peelingeffekt mehr zu kaufen«, sagte Jannik. »Da ist auch jede Menge Mikroplastik drin, das im Wasser landet.«

»Ich finde jedenfalls auch, dass wir gut aussehen.« Lennart holte zum wiederholten Male die Zeitung heraus, strich sie glatt und betrachtete das Foto auf der Titelseite. Alle fünf grinsten in die Kamera und streckten ihre Arme mit Juwelen, goldenen Trinkbechern und Münzen beladen nach vorne. *Kinder finden Schatz vom Biebersee*, lautete die fette Schlagzeile.

»Hoffentlich bekommen wir einen Finderlohn«, sagte Ben. »Das wär cool. Dann kaufe ich mir die besten Fußballschuhe, die es gibt.«

Flora grinste ihren Bruder an. »Ich auch«, sagte sie und

erntete überraschte Blicke. »Nachdem der FC Bieberheim ja beim Umweltwettbewerb den ersten Preis gewonnen hat und jetzt einen Naturrasenplatz und ein Vereinsheim mit Solaranlage bekommt, hab ich mir überlegt, dass die Mädchenmannschaft Verstärkung gebrauchen könnte.«

»Super, Flora. Was ist mit dir, Pauli?« Lennart stupste seine Freundin in die Seite.

»Warum eigentlich nicht?« Pauline strich sich die Haare aus dem Gesicht. »Wenn sich das nicht mit dem Balletttraining überschneidet, bin ich dabei!«

Jannik hob abwehrend die Hände. »Fragt mich gar nicht erst. Auch wenn ihr jetzt alle dem Fußball verfallt, ich nicht. *Never*!«

Miranda lachte. »Und ich ganz bestimmt auch nicht!«

»Hauptsache, es bleibt noch genug Zeit für unser Projekt«, sagte Pauline. »Unser Einsatz für ein plastikfreies Bieberheim muss auf jeden Fall weitergehen!«

Paulines Info-Seite

Wie entsteht Plastik eigentlich?

Plastik, so wie wir es kennen, gibt es noch gar nicht so lange. Erst seit 1907 werden Kunststoffe industriell aus Erdöl hergestellt.

Den ersten Schritt machte eine Erfindung im Jahr 1530, als ein Mönch entdeckte, das man aus Milcheiweiß Kunststoff gewinnen kann. Wie das geht, kannst du gleich selber mal ausprobieren. Darüber hinaus waren noch mehrere Erfinder und Forscher an der Entwicklung von Plastik beteiligt, teilweise lagen mehrere hundert Jahre zwischen den verschiedenen Entwicklungsschritten. Heute ist Plastik aus unserem Alltag kaum wegzudenken.

Bio-Plastik selber herstellen:

Du brauchst:

- 1/4 l Milch
- 2 EL Essig
- einen Topf
- ein kleines Küchensieb
- ein Backblech mit Backpapier
- Wasserfarben

Und so geht's:

1. Heize den Backofen auf 70 Grad vor.

2. Gib Milch und Essig in einen Topf und erhitze das Ganze. Wenn du farbigen Kunststoff herstellen willst, rühre etwas Wasserfarbe in die Milchmischung.

3. Pass auf, dass die Milch nicht überkocht, am besten ständig rühren. Wenn die Milch ausflockt, bilden sich Klumpen von natürlichem Kunststoff.

4. Fische die Flocken mit einem kleinen Sieb aus dem Topf, drücke die Flüssigkeit heraus (Achtung heiß!) und knete die Masse.

5. Drücke den natürlichen Kunststoff flach auf das Backblech oder rolle ihn aus.

6. Mit Ausstechformen kannst du Anhänger basteln, pikse dafür ein Loch hinein.

7. Schieb das Blech in den Ofen. Nach ca. 45 Minuten hast du dein eigenes Plastik hergestellt!

Warum ist das so?

Beim Aufkochen der Milch mit Essig entstehen dicke Flocken, die im Ofen gebacken zu Kunststoff werden. Aber wie funktioniert das?

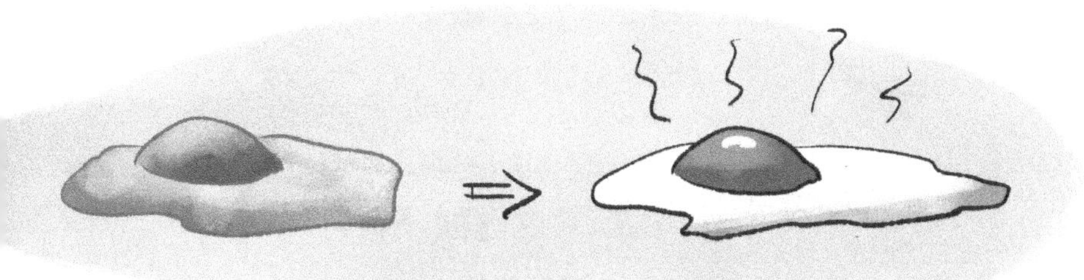

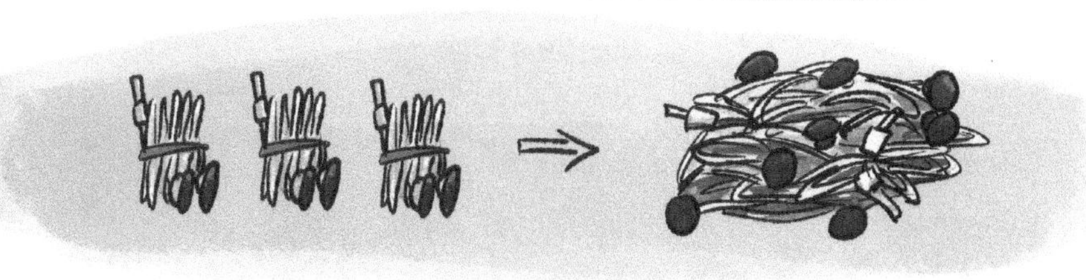

Stell dir vor, du brätst dir ein Spiegelei. Wenn du das Ei in die erhitzte Pfanne schlägst, wird aus dem glibbrigen Eiweiß eine feste weiße Masse. Hier passiert im Prinzip das Gleiche wie bei der Plastikherstellung: Das Milcheiweiß besteht auf vielen einzelnen Molekülen. Ein Eiweißmolekül ist im ursprünglichen Zustand wie ein zusammengewickeltes Kopfhörerkabel. Alle Knäule glibbern so nebeneinander her. Aber wenn das Molekül erhitzt wird, entfalten sich die Kabelknäule. Überleg mal, was passiert, wenn du dir zwanzig Kopfhörerkabel in die Tasche steckst? Die bekommst du wahrscheinlich nie wieder auseinandergefriemelt.

Und genau das passiert mit dem Eiweiß. Die Molekülkabel verheddern sich sozusagen und bilden eine feste Struktur. Aus Ei wird Spiegelei, aus Milch wird Plastik!

Floras Bastelideen

Kreativ unterwegs

Das Müllsammeln am See hat richtig Spaß gemacht. Mit einem Kescher kann man prima Sachen aus dem Wasser fischen. Ich hab mir einen selbst gebaut. Das geht ganz einfach.

Kescher zum Müllfischen

Du brauchst:

- ein Gemüse- oder Obstnetz
- einen stabilen Stab, z. B. einen alten Besenstiel
- dicken Draht (ca. 1 m) oder Drahtkleiderbügel
- wasserfestes Gewebeklebeband, z. B. Panzertape

Und so geht's:

1. Schneide das Netz an einem Ende auf, damit es sich auffalten kann.

2. Biege den Draht zu einem Kreis und knicke ihn dann so um, dass an jeder Seite 10 cm überstehen

4. Fädele das Netz ca. 2 cm unterhalb des Randes auf den Draht und schiebe das Netz entlang der Rundung

5. Drücke die geraden Drahtenden an den Stab und umwickele Draht und Stab fest mit Panzertape

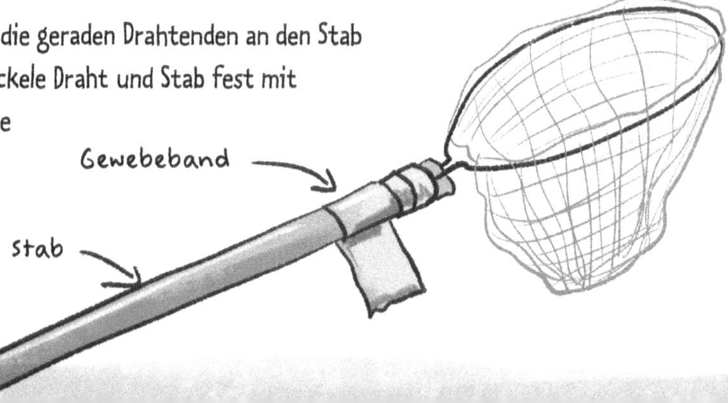

Sauber verpackt: Bienenwachstücher

Früher habe ich mir meine Butterbrote für die Schule in Plastkdosen eingepackt, aber als meine letzte Dose kaputt gegangen ist, habe ich mir keine neue gekauft, sondern mir was viel Besseres überlegt: Ich habe mir Bienenwachstücher selber gemacht, die halten frisch, sind plastikfrei und können immer wieder verwendet werden.

Du brauchst:

- Baumwoll-Stoffreste
- Bienenwachs, am besten in Pastillen-Form
- Backpapier (größer als das Stoffstück)
- Bügeleisen

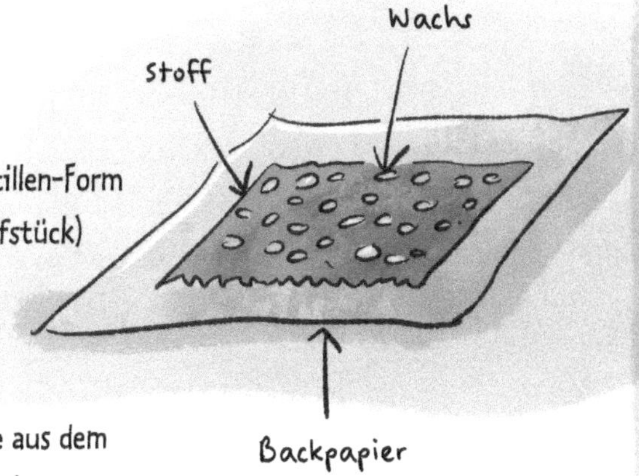

Und so geht's:

1. Schneide die gewünschte Größe aus dem Stoffrest und lege es auf Backpapier

2. Verteile die Bienenwachspastillen auf dem Tuch

3. Lege eine zweite Schicht Backpapier auf die Pastillen

4. Und jetzt: bügeln, bis das Wachs geschmolzen ist. Achte darauf, dass das ganze Tuch vom Wachs überzogen ist. Pass auf, dass kein Wachs an das Bügeleisen kommt.

Fertig!

Nach Gebrauch spüle ich die Tücher mit kaltem oder lauwarmem Wasser ab. Wenn's ein bisschen doller verschmutzt ist, nehme ich noch ein bisschen Spülmittel dazu.

Bens Seite

Meeresmüllabfuhr

Wir haben echt ein Plastikmüll-Problem auf unserem Planeten. Inzwischen ist schon so viel Plastik in die Meere gelangt, dass sich da fette schwimmende Plastikberge aufgetürmt haben. Bald gibt es im Meer mehr Mikroplastik als Plankton! Jedes Jahr gelangen 8 Millionen Tonnen neuer Plastikmüll in die Meere! Deshalb reicht es auch nicht, sich zu überlegen, wie man auf Plastik verzichten kann, sondern der Müll muss da rausgeholt werden. Wir brauchen eine Müllabfuhr für die Meere! Total super finde ich, dass sich viele Leute da schon ziemlich coole Sachen ausgedacht haben:

Müllschürzen

Ein junger Niederländer hat mit „The Ocean Cleanup“ den Anfang gemacht und sich ein Ozeanreinigungssystem ausgedacht: An riesenlangen Schläuchen hängen Schürzen tief ins Wasser, an denen der Müll hängenbleibt, der dann von Versorgungsschiffen eingesammelt wird.

Schwimmende Mülleimer

In Häfen gibt es schwimmende Meeresmülleimer, die durch eine Pumpe Wasser einsaugen und schwimmende Abfälle herausfiltern. In so ein Fangbeutel passen bis zu 20 kg Müll. Der muss dann entleert werden und schon kann der Mülleimer neuen Müll einsaugen.

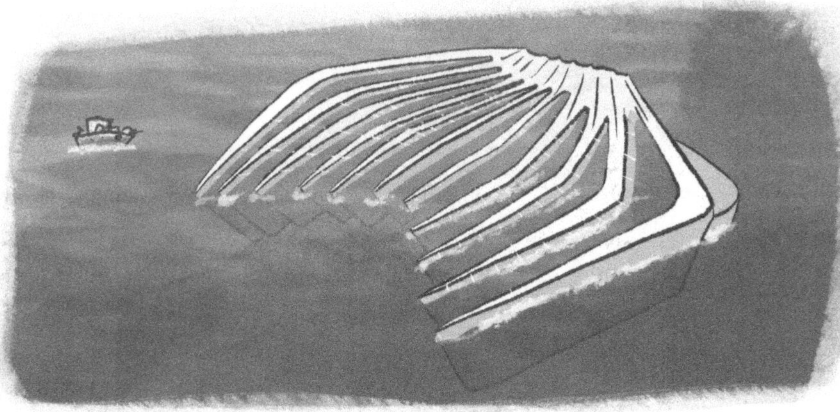

Plastikfänger

Die Architektin Marcella Hansch hat ein Modell entwickelt, mit dem man große Mengen von Plastik im Meer aufsammeln könnte. Sie nennt es „Pacific Garbage Screening“. Die riesige schwimmende Plattform besteht aus fächerförmigen Armen, die 35 Meter unter der Wasseroberfläche in die Tiefe reichen. An ihnen kann das Plastik durch seinen eigenen Auftrieb an die Wasseroberfläche steigen und dort gesammelt und abgeschöpft werden.

Energie aus Meeres-Müll

Auf der Ostsee gibt es ein Müllsammelschiff, einen solarbetriebenen Katamaran, der Müll aus dem Meer fischt – die Entwickler planen, das Ganze noch auszubauen, sodass der Müll nicht nur eingesammelt, sondern gleich an Bord in Energie umgewandelt werden kann.

Müll Team

Besonders cool finde ich auch „Sea Clear“, das ist ein Projekt, bei dem ein Team aus Tauchrobotern, Drohnen und einem unbemannten Boot unter Wasser Müll aufspüren und einsammeln soll. Das wird gerade in Küstennähe getestet. Vielleicht funktioniert das auch mal in der offenen See? Das wäre doch super!

Janniks Knusperseite

Lecker und plastikfrei!

Ich bin ja, wie ihr wisst, ein großer Chipsfan. Leider gibt es die nur in einer Plastikverpackung zu kaufen. Mirandas selbst gebackene Chips waren aber auch superlecker. Das Rezept musst du unbedingt auch mal ausprobieren.

Du brauchst:

- 4–5 mittelgroße Bio-Kartoffeln (festkochend)
- Olivenöl, Salz, Pfeffer, evtl. Paprikapulver
- eine große Schüssel
- mit Backpapier belegtes Backblech

Und so wird's gemacht:

1. Heize den Backofen auf 150 Grad vor.
2. Wasche die Kartoffeln und trockne sie ab.
3. Halbiere die Kartoffeln und lege sie auf die Schnittfläche. Schneide ca. 3 mm dünne Scheiben.
4. Gib die Scheiben in die Schüssel, beträufele sie mit etwas Olivenöl und würze nach Geschmack.
5. Durchmische die Scheiben mit der Hand in der Schüssel, damit Öl und Gewürze gut verteilt werden.
6. Lege die Scheiben nebeneinander aufs Backblech.
7. Backe die Chips 40–80 Minuten, bis sie goldbraun sind. Damit die Feuchtigkeit entweichen kann, klemme einen Holzlöffel in die Klappe.

Die Backzeit hängt von der Dicke der Scheiben ab. Kontrolliere ab und zu, ob die Chips schon fertig sind.

Fruchtig frische Fruchtstreifen

Lennart mag es lieber fruchtig, deshalb haben wir auch noch Fruchtstreifen selber gemacht – superlecker und ganz ohne Plastikverpackung.

Du brauchst:

- reifes oder überreifes Obst
- Datteln, Agavendicksaft oder Honig
- eine hohe Schüssel
- einen Stabmixer
- ein Backblech (mit Backpapier belegt)
- Teigschaber, Holzlöffel

Und so geht's:

1. Wasche die Früchte und schneide sie grob klein.
2. Gib die Obststücke und die zusätzliche Süße in eine hohe Schüssel und püriere das Ganze mit einem Stabmixer.
3. Wenn der Fruchtbrei zu flüssig sein sollte, kannst du mit etwas Mandelmus oder Flohsamenschalen andicken, bis die Masse schön zähflüssig ist.
4. Verteile die Masse auf dem Backpapier, streiche alles glatt (ca. 0,5 cm dick).
5. Jetzt muss die Fruchtmasse bei 60 Grad Umluft für mehrere Stunden im Backofen trocknen (5–7 Stunden, je nach Dicke). Stecke einen Holzlöffel in die Klappe, damit die überschüssige Feuchtigkeit entweichen kann.

6. Wenn die Oberfläche fest ist und nicht mehr klebt, sind deine Fruchtstreifen fertig.
7. Jetzt kannst du die gummiartige Fruchtplatte vom Backpapier abziehen und in Streifen schneiden

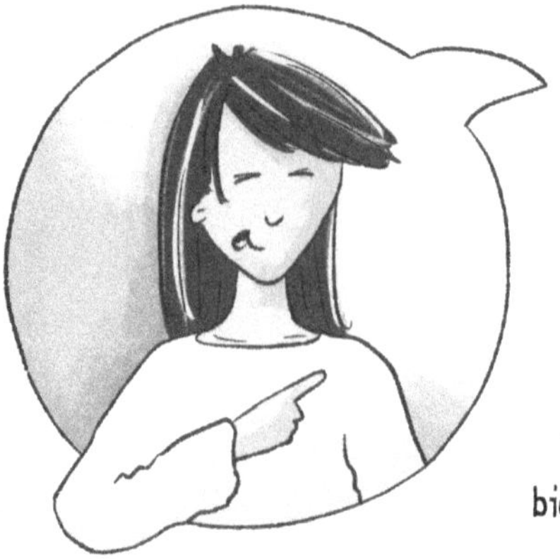

Lennarts Experimente

Pupsende Bakterien

Dass man aus weggeworfenen Lebensmitteln Energie erzeugen kann, finde ich klasse! Wie das funktioniert, wollte ich unbedingt selber ausprobieren und hab mir eine kleine Biogasanlage gebaut.

Energie aus Lebensmitteln

Du brauchst:

- eine Schüssel mit Küchenabfällen
- eine große durchsichtige Flasche
- 3–4 EL Erde aus dem Garten oder aus dem Wald
- 1/4 Würfel Gemüsebrühe
- 1 TL Zucker
- einen Trichter, der in die Flaschenöffnung passt
- einen Luftballon (vorher einmal aufpusten und die Luft wieder rauslassen)

1. Schneide die Küchenreste mit einem Messer möglichst klein. Wenn sie schon etwas matschig sind, zieh dir Gartenhandschuhe an.

2. Fülle die Biomasse in die Flasche, bis sie zur Hälfte gefüllt ist. Fülle danach die Erde, den zerbröselten Brühwürfel und den Zucker hinein.

3. Gieße warmes Wasser über den Trichter in die Flasche. Das Wasser sollte die Biomasse vollständig bedecken, ruhig noch ein bisschen mehr.

4. Deckel zudrehen und kräftig schütteln.

5. Ziehe den Luftballon über die Flaschenöffnung.

6. Stelle die Flasche an einen warmen Ort. Jetzt musst du ein bisschen Geduld haben. Es dauert mehrere Tage, bis du siehst, was sich in der Flasche tut – und beim Luftballon …

Warum ist das so?

Die Bakterien fressen die Küchenabfälle in der Flasche und pupsen anschließend das Biogas aus. Bakterien sind minikleine Lebewesen, die nur unter dem Mikroskop zu sehen sind. Diese Bakterien sind fast überall. In Komposterde oder im Waldboden gibt es besonders viele, die sich bei günstigen Bedingungen in kurzer Zeit stark vermehren. Und falls du dich fragst, warum ein Brühwürfel in die Flasche kommt: Der Brühwürfel versorgt die Bakterien mit Mineralien, damit sie fleißig Abfälle zersetzen können.

Die Autorinnen:

Andrea Poßberg studierte in Düsseldorf Geografie, Soziologie und Politikwissenschaften (M.A.), wodurch es sie bis nach Sibirien verschlug. Sie mag Strand und Meer, am liebsten mit großen Wellen. Mit Mann und drei Kindern lebt sie in Grevenbroich, wo sie ihren Minigarten in ein Bienenparadies verwandelt hat. In ihrer Freizeit radelt sie oft mit dem Fahrrad durch den Wald und natürlich liest und schreibt sie supergerne.

Corinna Böckmann wollte eigentlich Meeresbiologin oder Archäologin werden. Doch stattdessen wurde sie Grafikerin und arbeitete für verschiedene Agenturen. Heute ist neben dem Schreiben auch das Illustrieren von Kinderbüchern ihre große Leidenschaft. Sie wohnt mit ihrer Familie und einem wuscheligen Pudel in der Nähe von Köln.

DIE GRÜNEN PIRATEN